Kristel SALGAROLLO

Passion PATCHWORK

les éditions de saxe

Mon voyage avec Kristel a commencé il y a maintenant plus de vingt ans, lorsque j'ai osé aller frapper à sa porte pour lui demander des conseils. Elle rentrait tout juste de vacances, déchargeait les valises de sa voiture et m'a dit : « Patiente une minute que je termine ça et on boit un thé ! »

Je faisais du patchwork depuis 5 petites années, je n'en étais alors qu'à mes débuts. Des amies m'avaient demandée de leur donner des cours et je ne me sentais pas encore vraiment prête à pouvoir transmettre mon savoir. J'avais besoin du coup de pouce d'une experte. Et celle que je considérais comme telle en Belgique, ne pouvait être que Kristel.

Notre aventure a commencé ce jour d'été et notre voyage continue à chaque rencontre, à chaque projet en commun.

Dès le début, elle est venue dans mon atelier pour nous transmettre les techniques de patchwork les plus diverses. Prendre un cours avec Kristel, c'est commencer avec une idée de quilt et finir avec bien plus de dix ! C'est comme ouvrir une boîte de Pandore. Cela ne s'arrête jamais. La passion vous envahit. Imaginez nos rencontres depuis 20 ans, à raison de 4 à 8 rendez-vous par an, cela en fait des projets à envisager !

Mais il ne suffit pas de les imaginer, il faut les mettre en œuvre. À chaque rencontre, parmi ses multiples projets, Kristel n'en garde qu'un seul et met tout son savoir à notre disposition pour nous guider, nous faire avancer, nous donner les clés nous permettant d'approfondir nos connaissances dans le domaine.

Elle est la locomotive de ce voyage initiatique et nous emporte à chaque fois vers de nouveaux horizons. L'atelier se transforme alors en bouillon de culture ! La technique est toujours présente, mais avec une simple feuille et un crayon, elle nous dessine une multitude de possibilités.

Nous avons également eu l'immense plaisir et privilège de travailler avec ses 5 collections designées spécialement pour les tissus Lecien, afin de créer des projets totalement nouveaux.

Puis, depuis quelques années, l'aventure continue avec les gabarits EZ de Foltvilag. On aurait pu croire qu'on avait presque fait le tour de la question mais pour elle, tant qu'un dessin n'est pas terminé, tout type de projet peut émerger sans crier gare, chacun d'eux naît, vit et arrive à terme en passant par mille possibilités.

Avec elle le bonheur, c'est le voyage. Je pourrais continuer à vous en parler… Mais il faudrait alors en éditer un livre.

Je dois la remercier pour ce parcours qui est loin d'être fini, de venir encore et encore à l'atelier pour nous emmener dans son aventure textile. Et aux éditions de Saxe de les mettre par écrit pour les partager au plus grand nombre.

Longue vie en quilt…

Marylene Loës
de l'Atelier Patchwork et Point Compté

Sommaire

Bohemian STAR

Les dimensions sont données avec une marge de couture de 0,75 cm incluse, sauf indication contraire.
Les gabarits sont donnés sans marge de couture.

DIMENSIONS

64 x 64 cm

FOURNITURES

Les tissus utilisés proviennent de la collection « La Vie de Bohème » de French General (Moda).

- 50 x 110 cm de tissu blanc cassé imprimé motifs bleus ondulés en bande : **Tissu A**
- 50 x 110 cm de tissu écru uni : **Tissu B**
- 50 x 55 cm de tissu bleu uni : **Tissu C**
- 50 x 55 cm de tissu blanc cassé imprimé petits motifs rouges : **Tissu D**
- 75 x 75 cm de molleton
- 75 x 75 cm de tissu de doublure
- Fil à coudre
- Fil à quilter blanc
- Rhodoïd pour gabarits et feutre fin permanent
- Crayon effaçable à l'eau, crayon à papier
- Colle en aérosol
- Cutter rotatif, règle et plaque de coupe
- Machine à coudre et matériel de couture

Gabarits encart B

Sur les schémas et sur les gabarits, les chiffres identifient les pièces, et les lettres identifient les tissus. Les chiffres entourés identifient l'ordre des assemblages.

LA MARCHE À SUIVRE

LES GABARITS

Reporter le contour des **pièces 1** à **10** (**gabarits**) sur le Rhodoïd avec le feutre fin permanent.
Ajouter une marge de couture de 0,75 cm tout autour des pièces et les découper sur les traits extérieurs.

LA COUPE

Dans le tissu A, couper :

- 8 **losanges 1** en centrant le même motif imprimé sur chacune des pièces
- 8 **pièces 10** en centrant le même motif imprimé sur chacune des pièces.

Dans le tissu B, couper :

- 3 **bandes 11** de 4 cm de large dans la largeur totale du tissu
- 32 **pièces 8**
- 32 **carrés 7**
- 32 **triangles 6**
- 80 **triangles 2**.

Dans le tissu C, couper :

- 64 **triangles 2**
- 8 **carrés 3**
- 8 **pièces 9**.

Dans le tissu D, couper :

- 8 **losanges 4** en centrant le même motif imprimé sur chacune des pièces
- 32 **losanges 5** et 32 **losanges 5 inversés** en centrant le même motif imprimé sur chacune des pièces.

Astuce préalable aux assemblages : pour faciliter les assemblages, ne pas coudre les marges de couture lors du montage des pièces.

L'ÉTOILE CENTRALE (BLOC 1)

Sélectionner les **losanges 1A** et les assembler selon les indications suivantes pour obtenir l'étoile centrale (**bloc 1**).

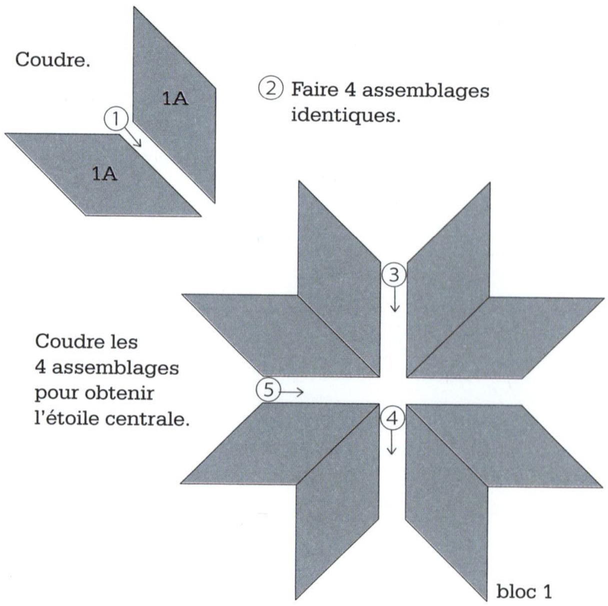

LES BLOCS 2 ET 3

Sélectionner 64 **triangles 2B** et 64 **triangles 2C** et les assembler selon les indications suivantes, pour obtenir les **carrés bicolores**.

Coudre.

⑦ Réaliser 64 carrés bicolores.

Sélectionner 4 **carrés bicolores** et 1 **triangle 2B** et les assembler selon les indications suivantes, en veillant à bien les orienter et les positionner, pour obtenir 1 **bloc 2**. De la même façon, sélectionner 4 **carrés bicolores** et 1 **triangle 2B** et les assembler selon les indications suivantes, en veillant à bien les orienter et les positionner, pour obtenir 1 **bloc 3**.

⑧ Coudre en ligne.

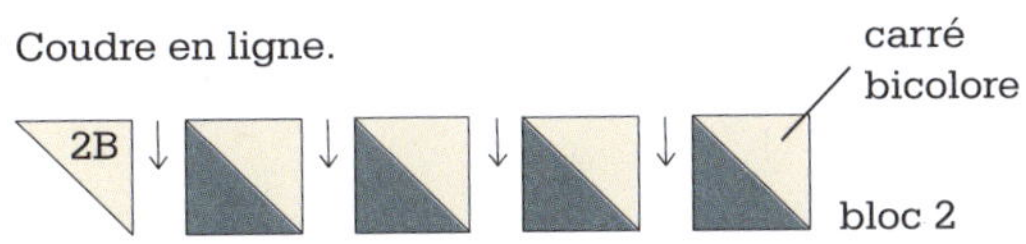

⑨ Réaliser 8 blocs 2.

⑩ Coudre en ligne.

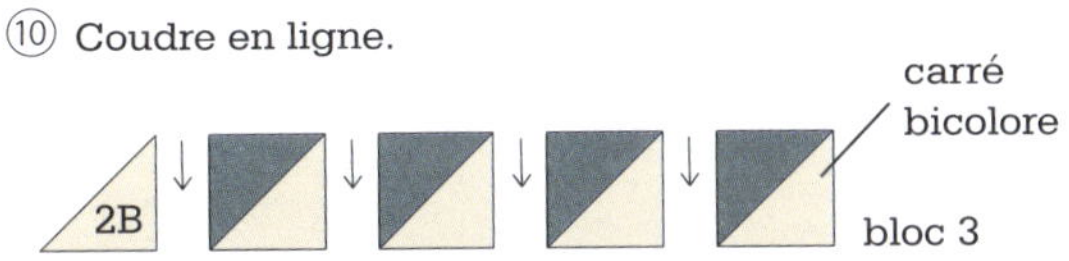

⑪ Réaliser 8 blocs 3.

LES BLOCS 4

Sélectionner 1 **bloc 3**, 1 **bloc 4** et 1 **carré 3C** et les assembler selon les indications suivantes, en veillant à bien les orienter et les positionner, pour obtenir 1 **bloc 4**.

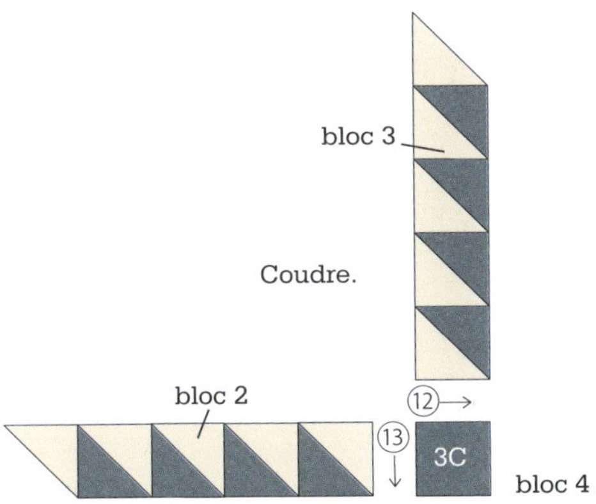

⑭ Réaliser 8 blocs 4.

LES BLOCS 5

Sélectionner 1 **bloc 4** et 2 **losanges 4D** et les assembler selon les indications suivantes, pour obtenir 1 **bloc 5**.

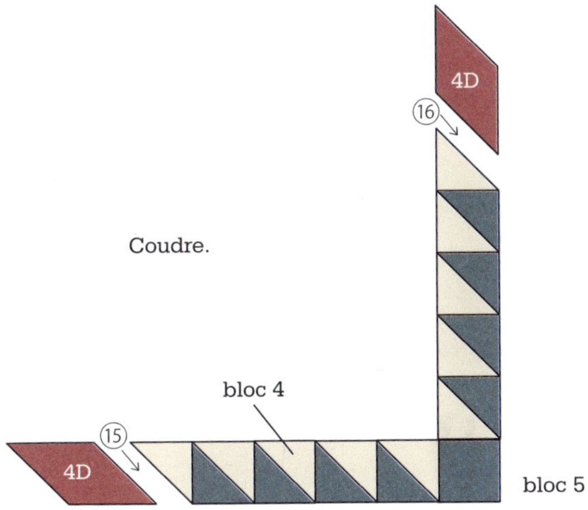

⑰ Réaliser 4 blocs 5.

L'ASSEMBLAGE AUTOUR DE L'ÉTOILE CENTRALE

Sélectionner les 4 **blocs 4** et **l'étoile centrale** (**bloc 1**) et les assembler selon les indications suivantes.

⑱ Coudre les blocs 4 dans les « creux » de l'étoile centrale.

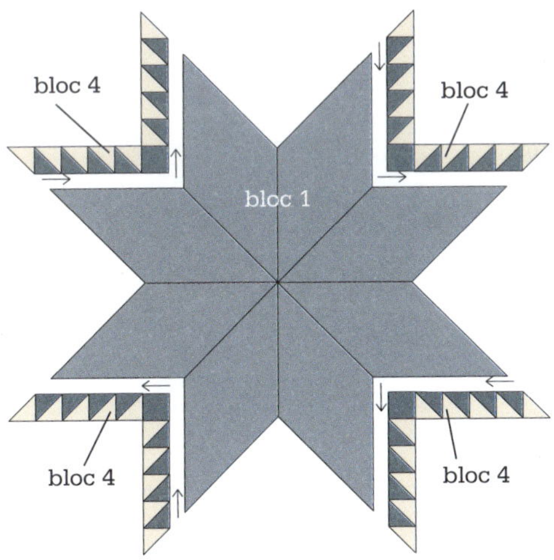

Sélectionner les 4 **blocs 5** et les assembler autour de l'étoile centrale, selon les indications suivantes.

(19) Coudre les blocs 5 dans les « creux » de l'étoile centrale.

LES BLOCS 6

Sélectionner 4 **losanges 5** et 4 **losanges 5 inversés** et les assembler selon les indications suivantes.
Ajouter 4 **triangles 6** et 4 **carrés 7** dans les « creux » de l'assemblage obtenu, puis coudre 4 **bandes 8** autour du montage pour obtenir 1 **bloc 6**.

Coudre.

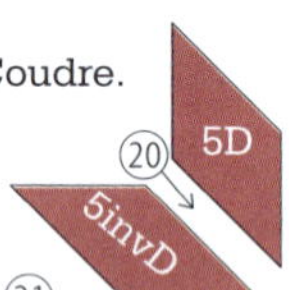

(21)
Faire 4 assemblages identiques.

Coudre les 4 assemblages pour obtenir l'étoile centrale.

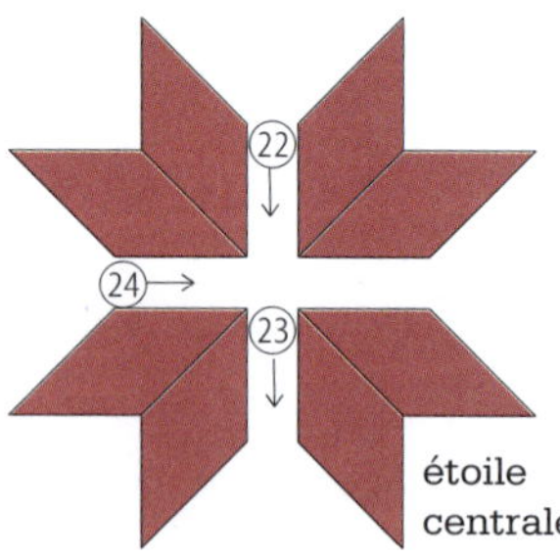

étoile centrale

(25)
Coudre les triangles 6 et les carrés 7 dans les « creux » de l'étoile centrale.

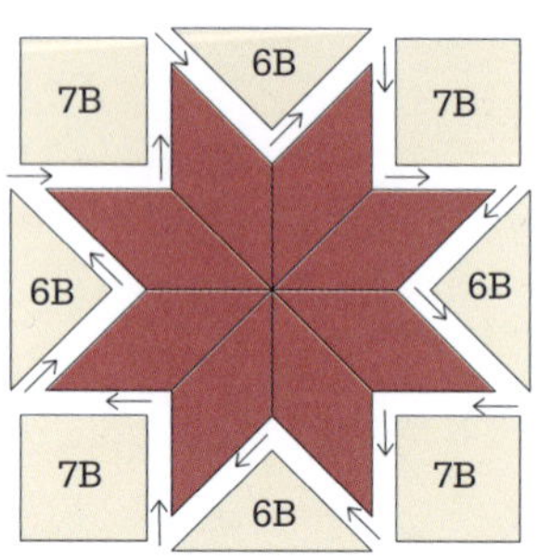

Coudre les pièces 8 autour de l'assemblage obtenu.

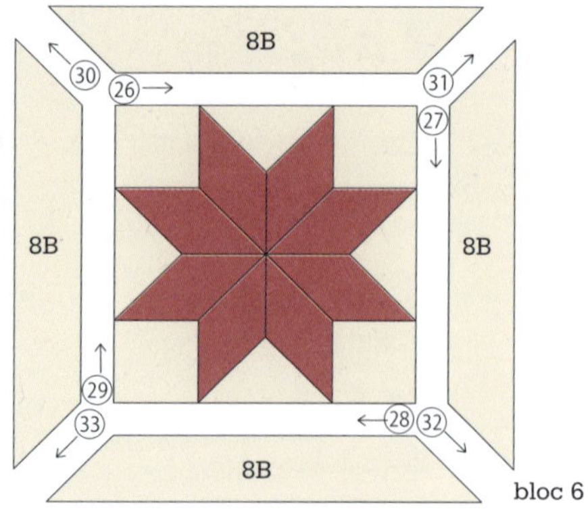

(34) Réaliser 8 blocs 6.

Coudre les **blocs 6** obtenus dans les « creux » de l'étoile centrale, selon les indications suivantes.

(35) Coudre les blocs 6 dans les « creux » de l'étoile centrale.

LES BORDURES (BLOCS 7)

Sélectionner 1 **pièce 9** et 1 **pièce 10** et les assembler selon les indications suivantes pour obtenir 1 **bloc 7**.

Coudre.

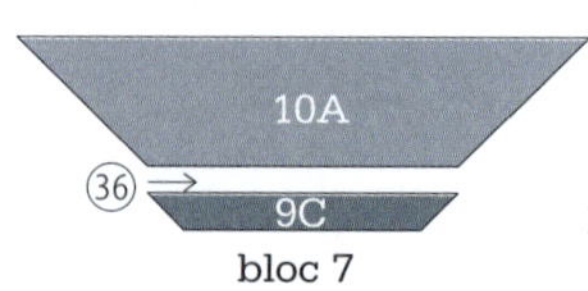

(37)
Réaliser 8 blocs 7.

Coudre les **blocs 7** obtenus autour de l'assemblage, selon les indications suivantes pour finaliser le top.

Coudre les blocs 7 autour de l'assemblage.

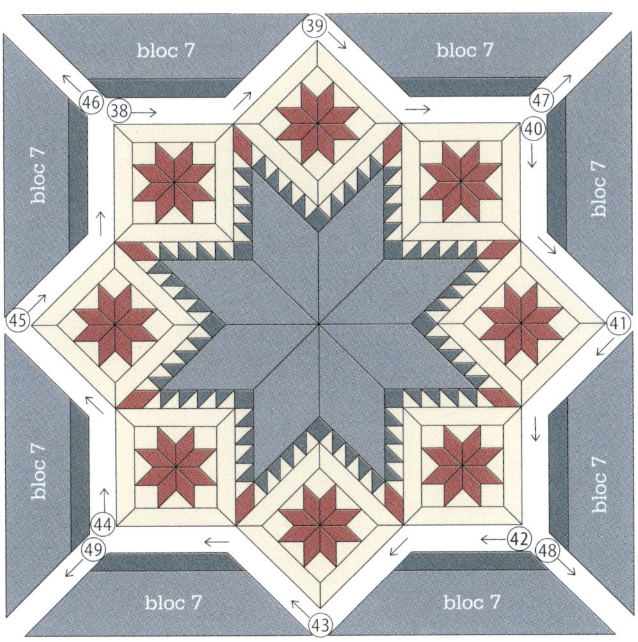

LE MATELASSAGE ET LA BANDE DE FINITION

À l'aide du crayon effaçable à l'eau, reporter les lignes de matelassage sur le panneau en s'inspirant de la photo du modèle ou selon son gré.

Superposer le tissu de doublure et le panneau, envers contre envers, en insérant le molleton entre les 2 épaisseurs de tissu, et fixer avec la colle en aérosol.

Matelasser sur les lignes tracées.

Recouper l'excédent de molleton et de tissu de doublure au ras du panneau.

Sélectionner les **bandes 11B** et les assembler entre elles, pour former 1 longue bande. Coudre la bande obtenue autour du panneau en alignant les bords bruts, et en formant des angles en onglet dans les coins.

Rabattre cette bande de finition sur l'envers et la coudre à points glissés invisibles. Elle doit mesurer 1 cm environ une fois cousue.

Coudre un manchon si nécessaire et ajouter une étiquette.

Coussin SUNSHINE

Les dimensions sont données avec une marge de couture de 0,75 cm incluse, sauf indication contraire.
Les gabarits sont donnés sans marge de couture.

DIMENSIONS

68 x 68 cm

FOURNITURES

- 25 x 55 cm de 6 tissus gris/bleu imprimés faux unis : **Tissus A**
- 25 x 55 cm de tissu jaune imprimé faux uni : **Tissu B**
- 50 x 110 cm de tissu écru uni : **Tissu C**
- 75 x 110 cm de tissu blanc cassé imprimé motifs bleus ondulés en bande : **Tissu D**
- 110 x 110 cm de tissu gris/bleu imprimé faux uni : **Tissu E**
- 75 x 75 cm de molleton
- 75 x 75 cm de tissu de propreté (non visible)
- Fil à coudre
- Fil à quilter blanc
- Cotons à broder dans des coloris bleu clair, bleu foncé et jaune
- Aiguille à broder
- Gabarits EZ log 00 et EZ log 04 de « Foltvilag »
- 50 x 110 cm de tissu « Vetex »
- Stylo pointe fine
- 1 coussin de 60 x 60 cm
- Crayon effaçable à l'eau, crayon à papier
- Colle en aérosol
- Cutter rotatif, règle et plaque de coupe
- Machine à coudre et matériel de couture

Gabarits encart A

Sur les schémas et sur les gabarits, les chiffres identifient les pièces, et les lettres identifient les tissus. Les chiffres entourés identifient l'ordre des assemblages.

LA MARCHE À SUIVRE

LES GABARITS

À l'aide du stylo à pointe fine, reporter 32 fois le gabarit EZ log 00 sur le tissu « Vetex » en les espaçant d'au moins 2 cm, pour obtenir les gabarits des **blocs 1**.

De la même façon, reporter 4 fois le gabarit EZ log 04 sur le tissu « Vetex » en les espaçant d'au moins 2 cm, pour obtenir les gabarits des **blocs 2**.

Remarque : si vous n'avez pas le gabarit de « Foltvilag », reportez 32 fois le gabarit des blocs 1 et 4 fois le gabarit des blocs 2 par transparence sur le tissu « Vetex », en veillant à ne pas les déformer.

Une fois les blocs reportés, les découper en ajoutant une marge de 1 cm minimum tout autour des blocs.

LA COUPE

Dans les tissus A, couper :

- Des bandes de 1,5 cm de large dans la largeur totale des tissus (**bandes** des **blocs 2**) - marge de 0,5 cm incluse.
- Des bandes de 2 cm de large dans la largeur totale des tissus (**bandes** des **blocs 1**) - marge de 0,5 cm incluse.

Dans le tissu B, couper :

- Des **bandes** de 2 cm de large dans la largeur totale des tissus (**bandes** des **blocs 2**) - marge de 0,5 cm incluse.

Dans le tissu C, couper :

- Des bandes de 1,5 cm de large dans la largeur totale des tissus (**bandes** des **blocs 2**) - marge de 0,5 cm incluse.
- Des bandes de 2 cm de large dans la largeur totale des tissus (**bandes** des **blocs 1**) - marge de 0,5 cm incluse.

Astuce : couper les bandes de tissus A, B et C au fur et à mesure de la réalisation des blocs.

Dans le tissu D, couper :

- 4 **bandes 1** de 8,5 x 75 cm en centrant (dans la largeur et dans la longueur) un même motif imprimé sur chacune des bandes.

Remarques : les bandes 1 sont coupées plus longues que nécessaire pour faciliter la réalisation des angles à 45°.

Dans le tissu E, couper :

- 2 **rectangles 2** de 50 x 69,5 cm.

LES BLOCS 1

Sélectionner les gabarits des **blocs 1** (tissu Vetex) et les bandes de 2 cm coupées dans les **tissus A** et **C**. Réaliser les **blocs 1** selon les indications suivantes.

① Réaliser 32 blocs 1 selon la technique de la couture sur support.

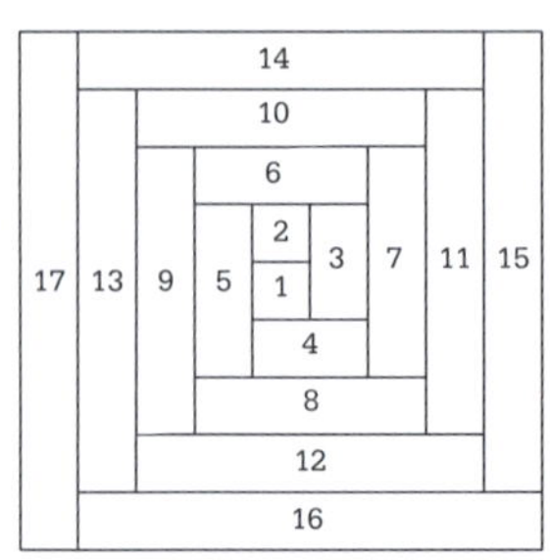

gabarit pour couture sur support
envers du bloc

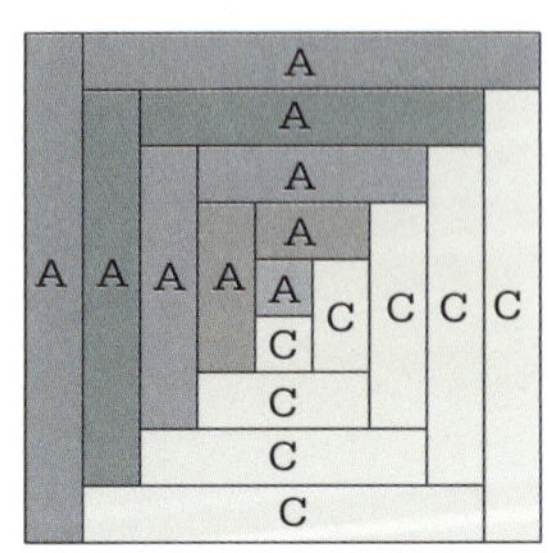

bloc 1
endroit du bloc

LES BLOCS 2

Sélectionner 2 gabarits des **blocs 2** (tissu Vetex), les bandes de 2 cm coupées dans le **tissu B** et les bandes de 1,5 cm coupées dans le **tissu C**. Réaliser les **blocs 2** selon les indications suivantes.

② Réaliser 2 blocs 2 selon la technique de la couture sur support.

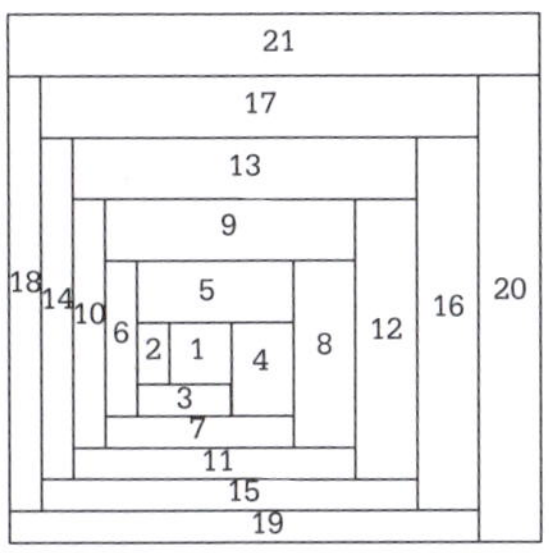

gabarit pour couture sur support
envers du bloc

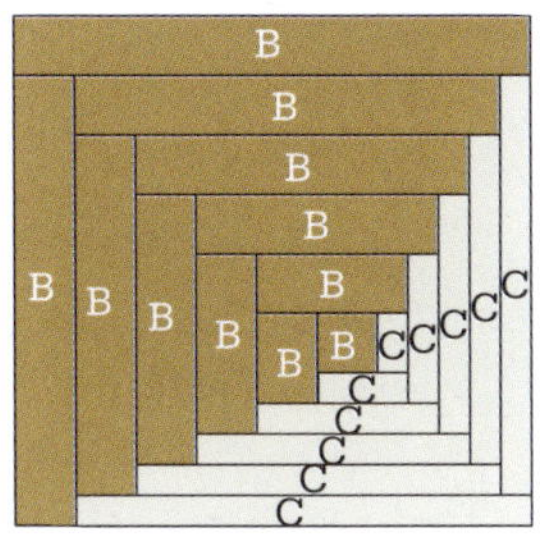

bloc 2
endroit du bloc

LES BLOCS 3

Sélectionner 2 gabarits des **blocs 3** (tissu Vetex), les bandes de 2 cm coupées dans le **tissu B** et les bandes de 1,5 cm coupées dans les **tissus A**. Réaliser les **blocs 32** selon les indications suivantes.

③ Réaliser 2 blocs 3 selon la technique de la couture sur support.

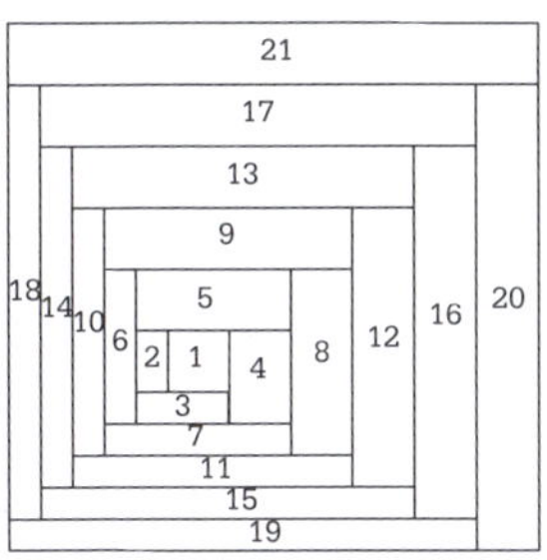

gabarit pour couture sur support
envers du bloc

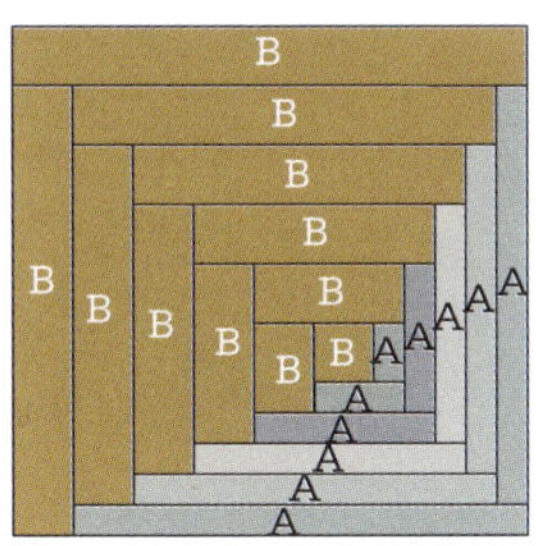

bloc 3
endroit du bloc

Une fois tous les **blocs 1**, **2** et **3** réalisés,

- Les repasser en veillant à ne pas les déformer
- Recouper le surplus de tissu tout autour de chacun des blocs en ajoutant une marge de couture de 0,75 cm
- Conserver le tissu de support « Vetex ».

L'ASSEMBLAGE

Sélectionner les **blocs 1**, **2** et **3** et les positionner selon les indications suivantes en veillant à bien les orienter. Les assembler pour obtenir le panneau central.

④ Coudre les blocs en 6 lignes de 6 carrés, puis assembler les lignes entre elles.

LES BRODERIES

Poser le dessin des broderies (gabarits) sur une table lumineuse. Poser le panneau central sur le dessin (endroit vers soi) en s'inspirant de la photo du modèle pour positionner les motifs. Reporter les dessins des broderies à l'aide du crayon effaçable à l'eau. Déplacer le panneau sur le dessin et finaliser le report des motifs sur le panneau central.

Astuce : sans table lumineuse, reporter les motifs en fixant le dessin contre une fenêtre.

Broder les détails selon les indications des gabarits et selon les indications suivantes.

⑤ Reporter les dessins des broderies sur le panneau et broder selon les indications des gabarits en s'inspirant de la photo du modèle pour le choix des coloris des fils.

Une fois l'assemblage réalisé, recouper le surplus de **tissu D** dans les angles, sous l'ouvrage en conservant une marge de couture.

LE MATELASSAGE

À l'aide du crayon effaçable à l'eau, reporter les lignes de matelassage sur le panneau en s'inspirant de la photo du modèle ou selon son gré.
Superposer le tissu de propreté et le panneau, envers contre envers, en insérant le molleton entre les 2 épaisseurs de tissu, et fixer avec la colle en aérosol.
Matelasser sur les lignes tracées et réaliser des nouettes avec les cotons bleu clair (**blocs 1**) et jaune (**blocs 2** et **3**) selon les indications suivantes.

⑪ Matelasser.

⑫ Réaliser des nouettes sur les carrés centraux de chaque bloc et dans les angles des blocs assemblés selon les indications suivantes.

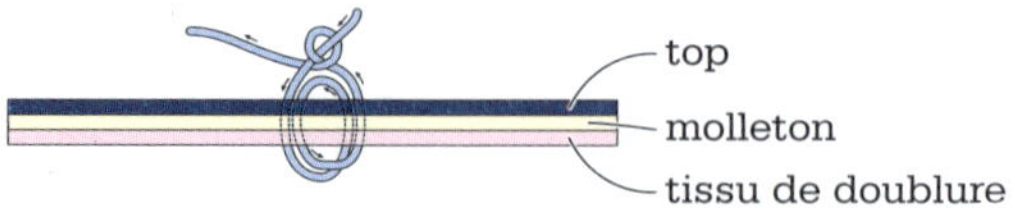

Recouper l'excédent de molleton et de tissu de propreté au ras du panneau.

LES BORDURES

Sélectionner les 4 **bandes 1D** et les assembler autour du panneau central, selon les indications suivantes.

Coudre en alignant les milieux.

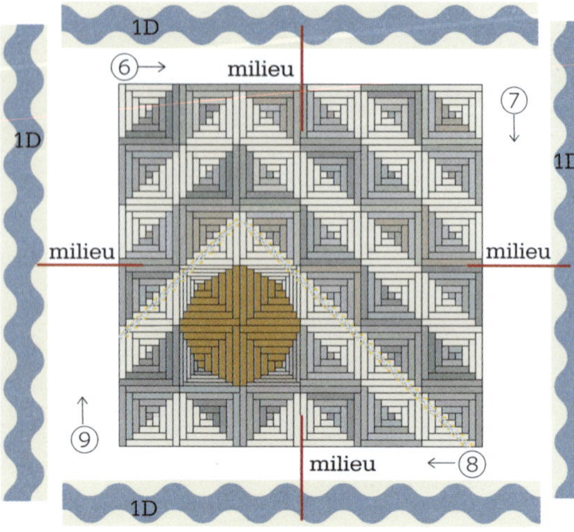

⑩ Finaliser les coins en réalisant des angles à 45°.

LE DOS DE LA HOUSSE DE COUSSIN

Sélectionner les **2 rectangles 2E** et réaliser un ourlet sur 1 des bords longs de chacun des rectangles, selon les indications suivantes.

⑬ Replier 2 fois 1 cm (sur l'envers) sur un des bords longs du rectangle 2E, pour former un ourlet et repasser.

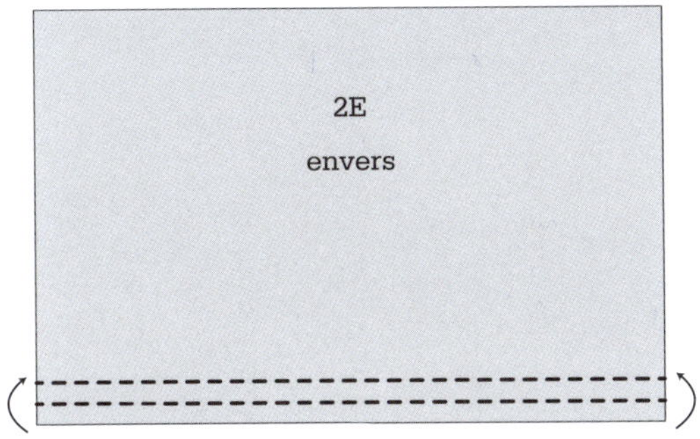

⑭ Coudre.

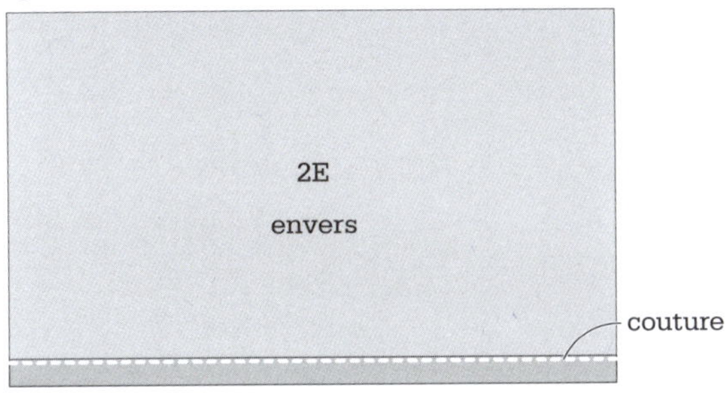

⑮ De la même façon, réaliser un ourlet sur l'autre rectangle 2E.

Préparer le dos de la housse en superposant les 2 **rectangles 2E**, selon les indications suivantes.

⑯ Positionner les 2 pièces, envers vers soi en les superposant pour obtenir 1 carré de 69,5 x 69,5 cm. Épingler.

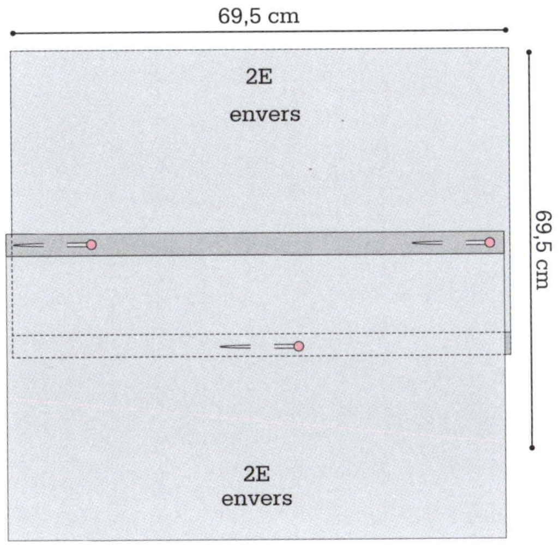

Astuce : il est possible d'ajouter 2 boutons et des boutonnières en vis-à-vis, ou de fixer des rubans en guise de liens, pour fermer le dos du coussin.

L'ASSEMBLAGE

Superposer le devant et le dos de la housse de coussin, endroit contre endroit, en alignant les bords bruts et épingler. Coudre tout autour de l'assemblage. Dégarnir les angles et surfiler les marges de couture au point zigzag, afin d'éviter tout effilochage.

Retourner l'ouvrage sur l'endroit et bien mettre en forme en faisant ressortir les angles.

Réaliser les volants autour de la housse de coussin, selon les indications suivantes.

⑰ Surpiquer à 4 cm des bords pour former les volants autour de la housse de coussin.

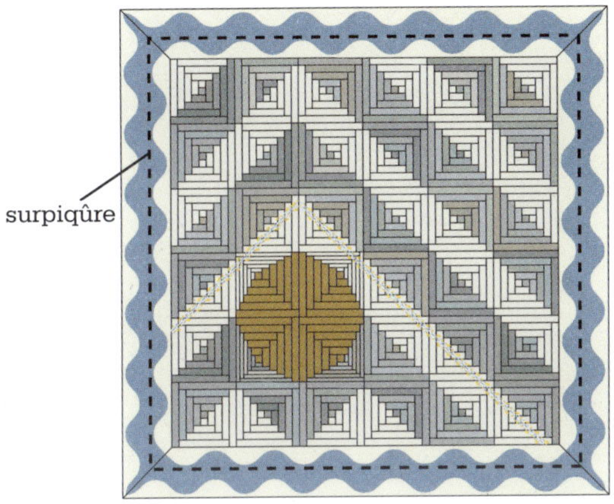

Glisser le coussin dans la housse ainsi obtenue, par l'ouverture entre les 2 pièces du dos de l'ouvrage.

Infini DÉCO

Les dimensions sont données avec une marge de couture de 0,75 cm incluse, sauf indication contraire.
Les gabarits sont donnés sans marge de couture.

Coussin

DIMENSIONS

72 x 72 cm

FOURNITURES

- 50 x 110 cm de tissu bleu/gris imprimé petites fleurs : **Tissu A**
- 50 x 110 cm de tissu blanc cassé imprimé faux uni : **Tissu B**
- Chutes de tissus dans des coloris variés pour un métrage global de 30 x 110 cm environ : **Tissus C**
- 80 x 110 cm de tissu blanc cassé et bleu imprimé motifs fleuris en bande : **Tissu D**
- 75 x 110 cm de tissu blanc cassé imprimé faux uni : **Tissu E**
- 80 x 80 cm de molleton
- 80 x 80 cm de tissu de propreté (non visible)
- Fil à coudre
- Fils à quilter bleu et blanc
- Gabarits EZ log 15 de « Foltvilag »
- 50 x 110 cm de tissu « Vetex »
- Stylo pointe fine
- 1 coussin de 60 x 60 cm
- Crayon effaçable à l'eau, crayon à papier
- Colle en aérosol
- Cutter rotatif, règle et plaque de coupe
- Machine à coudre et matériel de couture

Sac

DIMENSIONS

24 cm de large x 32,5 cm de haut x 24 cm de profondeur

FOURNITURES

- 30 x 110 cm de tissu bleu/gris imprimé petites fleurs : **Tissu A**
- 30 x 110 cm de tissu blanc cassé imprimé faux uni : **Tissu B**
- Chutes de tissus dans des coloris variés pour un métrage global de 15 x 110 cm environ : **Tissus C**
- 30 x 110 cm de tissu blanc cassé et bleu imprimé motifs fleuris en bande : **Tissu D**
- 90 x 110 cm de tissu à carreaux rouges et blancs imprimés pois : **Tissu E**
- 40 x 120 cm de molleton
- 23 x 23 cm de Style-Vil
- Fil à coudre
- Fils à quilter bleu et blanc
- Gabarits EZ log 15 de « Foltvilag »
- 25 x 110 cm de tissu « Vetex »
- Stylo pointe fine
- 2 boutons de 1,5 cm de diamètre
- Crayon effaçable à l'eau, crayon à papier
- Colle en aérosol
- Cutter rotatif, règle et plaque de coupe
- Machine à coudre et matériel de couture

Gabarits encart A

Coussin

Sur les schémas et sur les gabarits, les chiffres identifient les pièces, et les lettres identifient les tissus. Les chiffres entourés identifient l'ordre des assemblages.

LA MARCHE À SUIVRE

LES GABARITS

À l'aide du stylo à pointe fine, reporter le gabarit EZ log 15 sur le tissu « Vetex » selon les indications suivantes, pour obtenir les gabarits des **blocs 1**, **3**, **5**, **7**, **9**, **11**, **13**, **15**, **17**, **19**, **21**, **23** et **24**, en veillant à les espacer d'au moins 2 cm :

- **Bloc 1** : reporter 2 « vols d'oie »
- **Bloc 3** : reporter 4 « vols d'oie »
- **Bloc 5** : reporter 6 « vols d'oie »
- **Bloc 7** : reporter 8 « vols d'oie »
- **Bloc 9** : reporter 10 « vols d'oie »
- **Bloc 11** : reporter 12 « vols d'oie »
- **Bloc 13** : reporter 14 « vols d'oie »
- **Bloc 15** : reporter 16 « vols d'oie »
- **Bloc 17** : reporter 18 « vols d'oie »
- **Bloc 19** : reporter 20 « vols d'oie »
- **Bloc 21** : reporter 22 « vols d'oie »
- **Bloc 23** : reporter 24 « vols d'oie »
- **Bloc 24** : reporter 26 « vols d'oie ».

Remarque : si vous n'avez pas le gabarit de « Foltvilag », reportez le gabarit des vols d'oie par transparence sur le tissu « Vetex », en veillant à ne pas le déformer.

Une fois les blocs reportés, les découper en ajoutant une marge de 1 cm minimum tout autour des blocs.

LA COUPE

Dans le tissu A, couper :

- 1 **carré 1** de 5,5 x 5,5 cm
- 11 **carrés 2** de 3,5 x 3,5 cm
- 1 **bande 3** de 3,5 x 9,5 cm
- 1 **bande 5** de 3,5 x 13,5 cm
- 1 **bande 7** de 3,5 x 17,5 cm
- 1 **bande 9** de 3,5 x 21,5 cm
- 1 **bande 11** de 3,5 x 25,5 cm
- 1 **bande 13** de 3,5 x 29,5 cm
- 1 **bande 15** de 3,5 x 33,5 cm
- 1 **bande 17** de 3,5 x 37,5 cm
- 1 **bande 19** de 3,5 x 41,5 cm
- 1 **bande 21** de 3,5 x 45,5 cm
- 1 **bande 23** de 3,5 x 49,5 cm
- 85 carrés de 4 x 4 cm et les recouper selon 1 diagonale pour obtenir 170 **triangles 2** pour les **blocs « vols d'oie »** - marge de 0,5 cm incluse.

Dans le tissu B, couper :

- 1 **bande 4** de 3,5 x 7,5 cm
- 1 **bande 6** de 3,5 x 11,5 cm
- 1 **bande 8** de 3,5 x 15,5 cm
- 1 **bande 10** de 3,5 x 19,5 cm
- 1 **bande 12** de 3,5 x 23,5 cm
- 1 **bande 14** de 3,5 x 27,5 cm
- 1 **bande 16** de 3,5 x 31,5 cm
- 1 **bande 18** de 3,5 x 35,5 cm
- 1 **bande 20** de 3,5 x 39,5 cm
- 1 **bande 22** de 3,5 x 43,5 cm
- 1 **bande 24** de 3,5 x 47,5 cm
- 97 carrés de 4 x 4 cm et les recouper selon 1 diagonale pour obtenir 194 **triangles 2** pour les **blocs « vols d'oie »** - marge de 0,5 cm incluse.

Dans les tissus C, couper, en variant les coloris des tissus :

- 91 carrés de 5 x 5 cm et les recouper selon 1 diagonale pour obtenir 182 **triangles 1** pour les **blocs « vols d'oie »** - marge de 0,5 cm incluse.

Dans le tissu D, couper :

- 4 **bandes 25** de 11,5 x 80 cm en centrant un même motif imprimé sur chacune des bandes.

Remarques : les bandes 25 sont coupées plus longues que nécessaire pour faciliter la réalisation des angles à 45°.

Dans le tissu E, couper :

- 2 **rectangles 26** de 50 x 73,5 cm.

LES BLOCS « VOLS D'OIE »

Sélectionner les gabarits des **blocs 1, 3, 5, 7, 9, 11, 13, 15, 17, 19, 21, 23 et 24** (tissu Vetex) les **triangles 1C**, et les **triangles 2A** et **2B** pour les blocs « vols d'oie ». Réaliser les **blocs** selon les indications suivantes.

Remarque : tous les blocs (sauf le bloc 1) commencent par un vol d'oie (à droite sur les schémas) dont les 2 petits triangles 2 sont coupés dans le tissu B.

① Réaliser 1 bloc 1 (2 vols d'oie) selon la technique de la couture sur support.

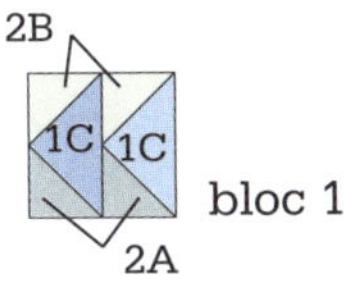

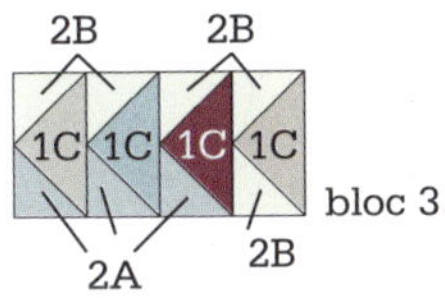

② De la même façon, réaliser 1 bloc 3 (4 vols d'oie).

③ De la même façon, réaliser 1 bloc 5 (6 vols d'oie).

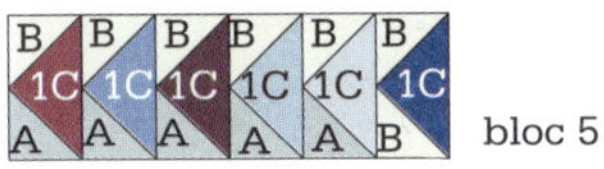

④ De la même façon, réaliser les autres blocs.

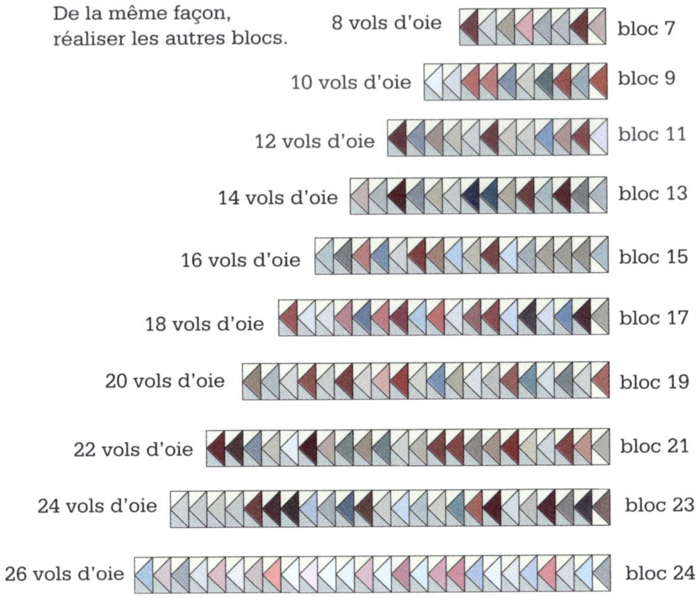

Une fois tous les **blocs « vols d'oie »** réalisés,

- Les repasser en veillant à ne pas les déformer
- Recouper le surplus de tissu tout autour de chacun des blocs en ajoutant une marge de couture de 0,75 cm
- Conserver le tissu de support « Vetex ».

LES BLOCS « BANDES »

Sélectionner les **pièces 2** à **24** et les assembler selon les indications suivantes pour obtenir les **blocs 2**, **4**, **6**, **8**, **10**, **12**, **14**, **16**, **18**, **20** et **22**.

Coudre.

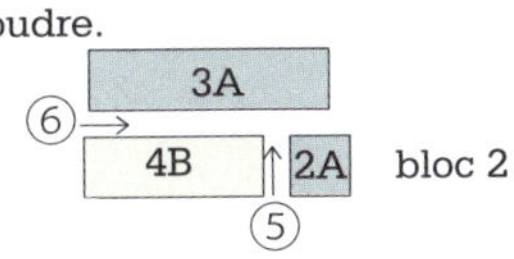

⑦ De la même façon, réaliser les autres blocs.

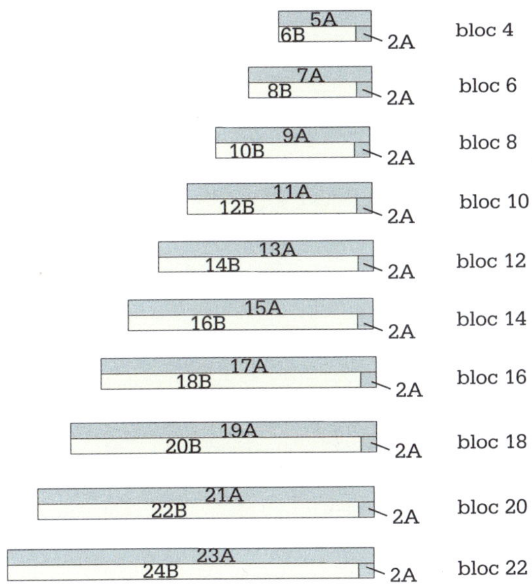

L'ASSEMBLAGE

Sélectionner le **carré 1A** et les **blocs 1 à 24** et les positionner selon les indications suivantes en veillant à bien les orienter. Les assembler pour obtenir le panneau central.

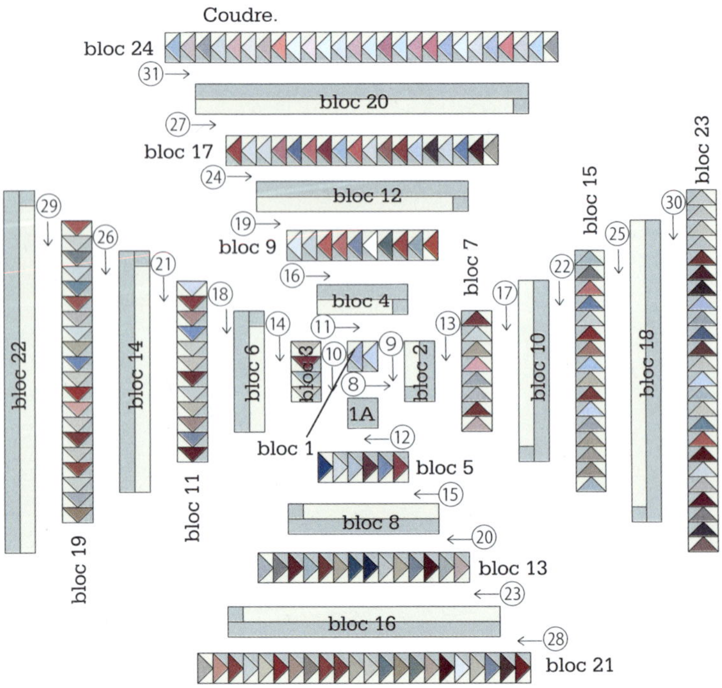

LES BORDURES

Sélectionner les 4 **bandes 25D** et les assembler autour du panneau central, selon les indications suivantes.

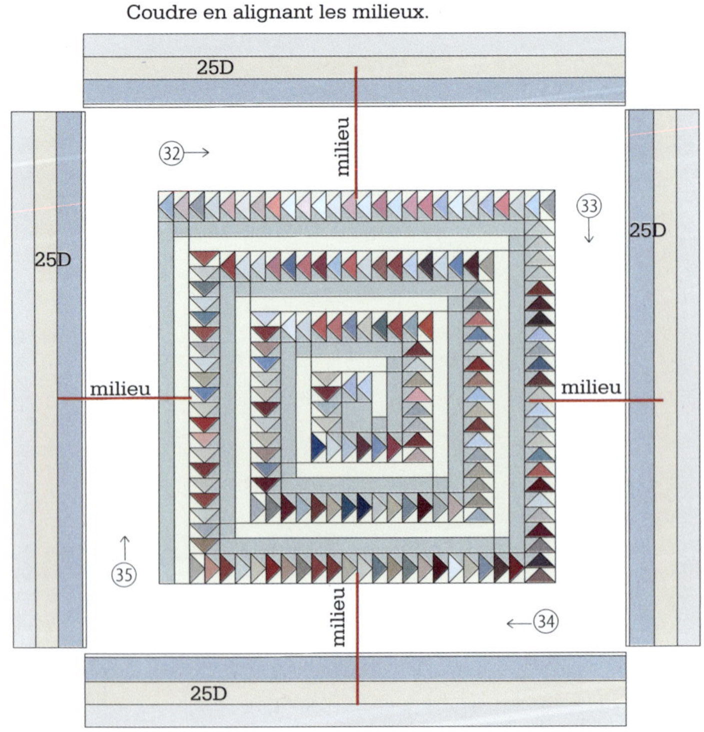

36 Finaliser les coins en réalisant des angles à 45°.

Une fois l'assemblage réalisé, recouper le surplus de **tissu D** dans les angles, sous l'ouvrage en conservant une marge de couture.

LE MATELASSAGE

À l'aide du crayon effaçable à l'eau, reporter les lignes de matelassage sur le panneau en s'inspirant de la photo du modèle ou selon son gré.

Superposer le tissu de propreté et le panneau, envers contre envers, en insérant le molleton entre les 2 épaisseurs de tissu, et fixer avec la colle en aérosol. Matelasser sur les lignes tracées.

㊲ Matelasser.

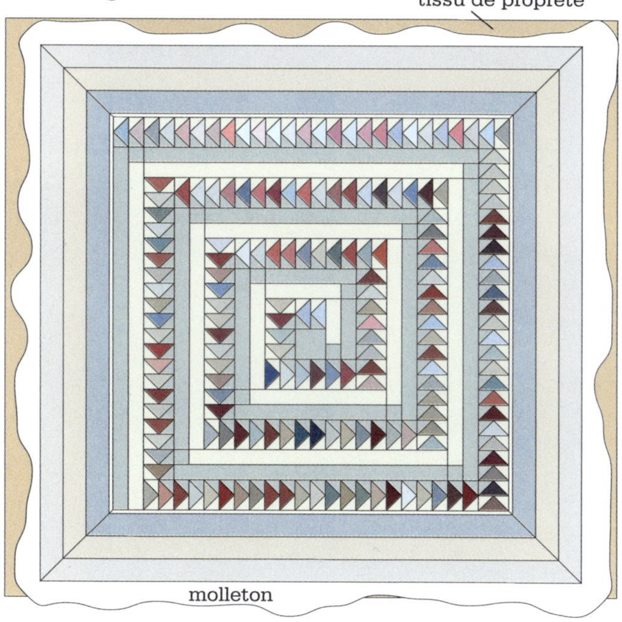

Une fois le matelassage finalisé, recouper l'excédent de tissu de propreté et de molleton au ras du panneau.

LE DOS DE LA HOUSSE DE COUSSIN

Sélectionner les **2 rectangles 26E** et réaliser le dos de la housse selon les explications page 15.

L'ASSEMBLAGE

Se reporter aux explications page 15.
Réaliser les volants autour de la housse de coussin, selon les indications suivantes.

㊳ Surpiquer à 6 cm des bords pour former les volants autour de la housse de coussin.

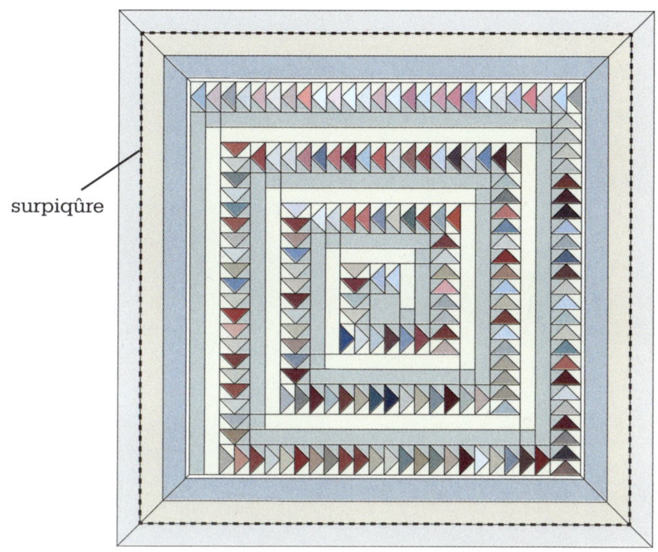

Glisser le coussin dans la housse ainsi obtenue, par l'ouverture entre les 2 pièces du dos de l'ouvrage.

Sac

Sur les schémas et sur les gabarits, les chiffres identifient les pièces, et les lettres identifient les tissus. Les chiffres entourés identifient l'ordre des assemblages.

LA MARCHE À SUIVRE

LES GABARITS

À l'aide du stylo à pointe fine, reporter 16 fois le gabarit EZ log 15 sur le tissu « Vetex » (6 vols d'oie), pour obtenir les gabarits des **blocs 1**, en veillant à les espacer d'au moins 2 cm.

Remarque : si vous n'avez pas le gabarit de « Foltvilag », reportez 16 fois le gabarit du bloc 1 par transparence sur le tissu « Vetex », en veillant à ne pas le déformer.

Une fois les blocs reportés, les découper en ajoutant une marge de 1 cm minimum tout autour des blocs.

LA COUPE

Dans le tissu A, couper :

- 48 carrés de 4 x 4 cm et les recouper selon 1 diagonale pour obtenir 96 petits triangles (**pièces 2**, **5**, **8**, **11**, **14** et **17**) pour les **blocs « vols d'oie »** - marge de 0,5 cm incluse
- 16 **rectangles 19** de 5,5 x 13,5 cm.

Dans le tissu B, couper :

- 48 carrés de 4 x 4 cm et les recouper selon 1 diagonale pour obtenir 96 petits triangles (**pièces 3**, **6**, **9**, **12**, **15** et **18**) pour les **blocs « vols d'oie »** - marge de 0,5 cm incluse
- 16 **rectangles 19** de 5,5 x 13,5 cm.

Dans les tissus C, couper, en variant les coloris des tissus :

- 48 carrés de 5 x 5 cm et les recouper selon 1 diagonale pour obtenir 96 grands **triangles** (**pièces 1**, **4**, **7**, **10**, **13** et **16**) pour les **blocs « vols d'oie »** - marge de 0,5 cm incluse.

Dans le tissu D, couper :

- 4 **bandes 22** de 9 x 25,5 cm en centrant un même motif imprimé sur chacune des bandes.

Dans le tissu E, couper :

- 4 **rectangles 20** de 17,5 x 25,5 cm
- 4 **rectangles 21** de 34 x 25,5 cm
- 2 **carrés 23** de 25,5 x 25,5 cm
- 2 **bandes 24** de 5 x 25 cm.

Dans le molleton, couper :

- 4 rectangles de 30 x 40 cm.

LES BLOCS « VOLS D'OIE » (BLOCS 1)

Sélectionner les gabarits des **blocs 1** (tissu Vetex), les petits **triangles** coupés dans les **tissus A** et **B**, et les **grands triangles** coupés dans les **tissus C** pour les blocs « vols d'oie ».
Réaliser les **blocs 1** selon les indications suivantes.

① Réaliser 16 blocs 1 selon la technique de la couture sur support.

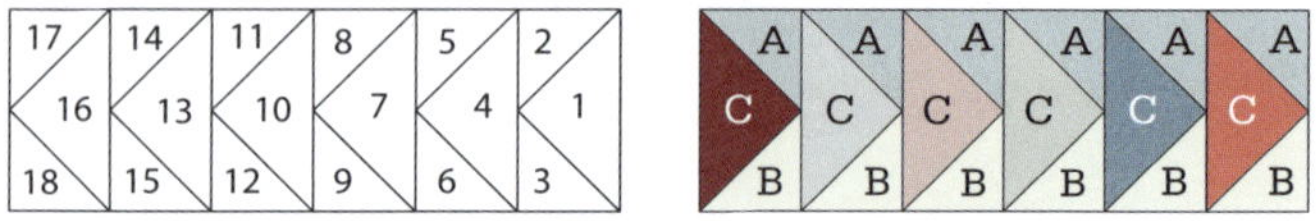

gabarit pour couture sur support envers du bloc

bloc 1 endroit du bloc

Une fois tous les **blocs « vols d'oie »** réalisés,

- Les repasser en veillant à ne pas les déformer
- Recouper le surplus de tissu tout autour de chacun des blocs en ajoutant une marge de couture de 0,75 cm
- Conserver le tissu de support « Vetex ».

LES BLOCS 2

Sélectionner les **blocs 1** et les **rectangles 19** coupés dans les **tissus A** et **B** et les assembler selon les indications suivantes en veillant à bien orienter les **blocs 1**.

Coudre.

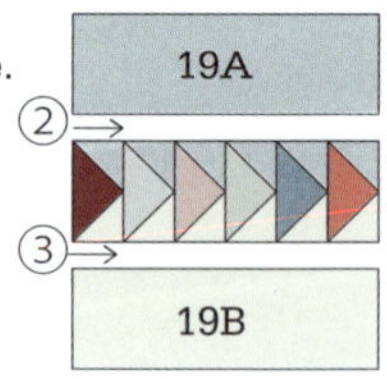

④ Réaliser 16 assemblages.

Coudre ensuite les assemblages obtenus par 4 (2 lignes de 2 carrés) pour réaliser les **blocs 2**.

Coudre les assemblages par 4.

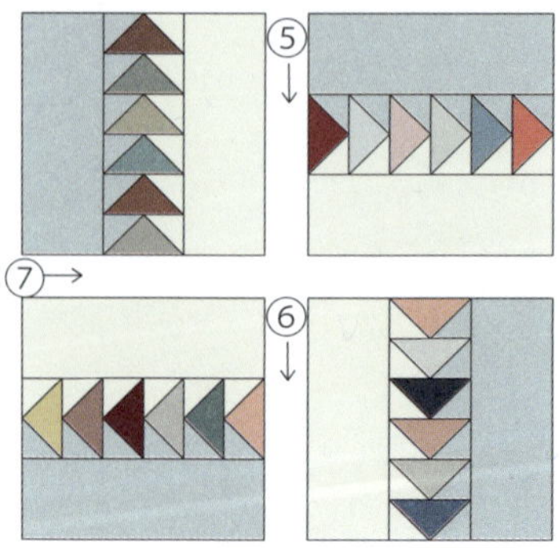

bloc 2

⑧ Réaliser 4 blocs 2.

LES 4 PIÈCES EXTÉRIEURES ET LES 4 PIÈCES DE DOUBLURE

Ajouter 1 **rectangle 20E** sur le haut de chacun des **blocs 2**, selon les indications suivantes pour obtenir les pièces extérieures du sac.

Assembler les **pièces 21E** et **22D** selon les indications suivantes pour obtenir les pièces de doublure du sac.

Coudre.

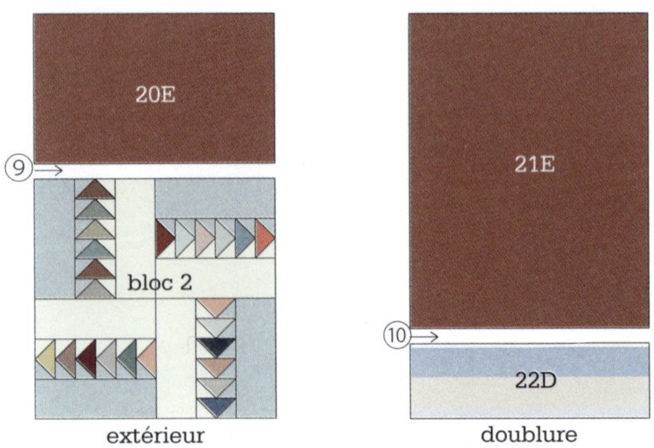

11 Réaliser 4 assemblages extérieurs et 4 pièces de doublure.

LE MATELASSAGE

À l'aide du crayon effaçable à l'eau, reporter les lignes de matelassage sur les 4 panneaux extérieurs en s'inspirant de la photo du modèle ou selon son gré.

Superposer 1 panneau sur 1 rectangle de molleton (envers du tissu contre molleton), et fixer avec la colle en aérosol. Matelasser sur les lignes tracées.

De la même façon, matelasser les 4 autres panneaux extérieurs.

12 Matelasser les 4 assemblages extérieurs.

Une fois le matelassage finalisé, recouper l'excédent de molleton au ras des 4 panneaux.

LES 4 CÔTÉS

Sélectionner les pièces extérieures matelassées et les 4 pièces de doublure et les assembler selon les indications suivantes pour obtenir les 4 côtés du sac.

Coudre.

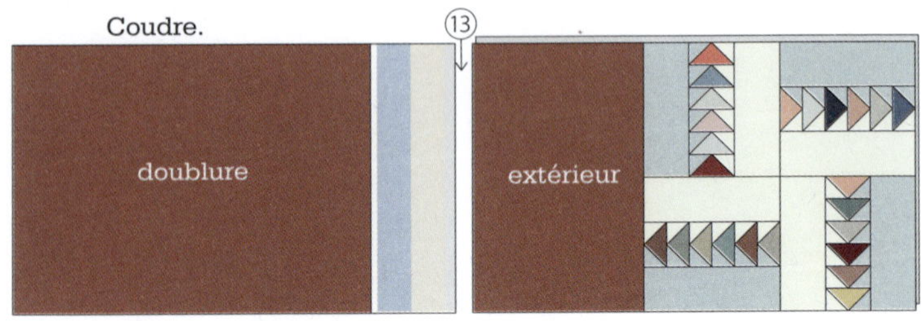

14 Réaliser 4 assemblages.

LE FOND DU SAC

Sélectionner 1 **carré 23E** et le carré de Style-Vil (renfort).
À l'aide de la colle en aérosol, fixer le carré de Style-Vil sur l'envers du carré de tissu en le centrant. Coudre selon les indications suivantes pour maintenir le renfort.

15
Renforcer le fond du sac avec le carré de Style-Vil et coudre à 1 cm du bord du Style-Vil pour le maintenir en place.

L'ASSEMBLAGE

Assembler les 4 côtés et le **carré 23E** (fond du sac renforcé avec le Style-Vil) selon les indications suivantes.

Coudre les assemblages sur le fond du sac, puis coudre les côtés.

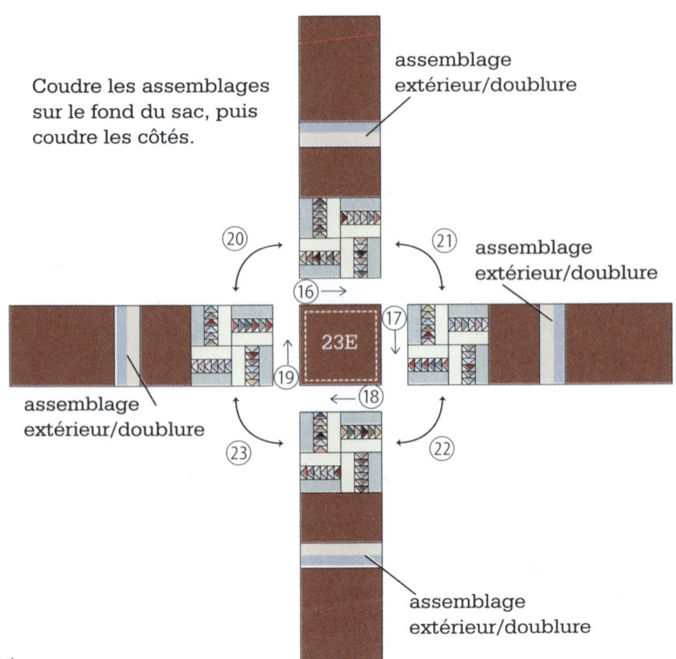

Ajouter le **carré 23E** restant sur le haut de l'assemblage selon les indications suivantes.

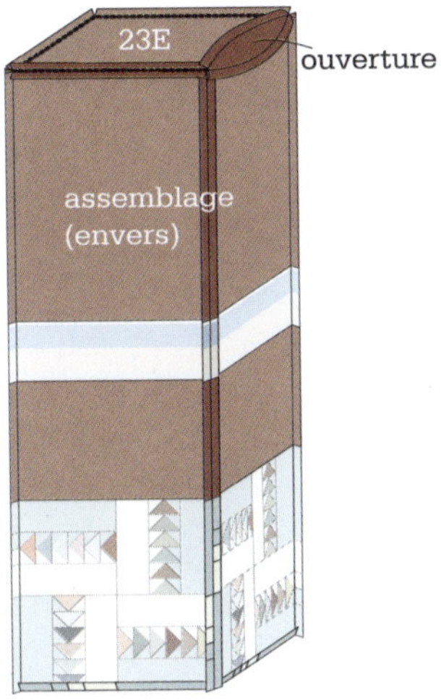

㉔ Coudre le fond de la doublure sur le haut de l'assemblage (endroit contre endroit) en laissant une ouverture de 15 cm environ sur 1 des côtés.

Retourner l'ouvrage sur l'endroit et bien mettre en forme l'assemblage en faisant ressortir les angles.
Fermer l'ouverture selon les indications suivantes.

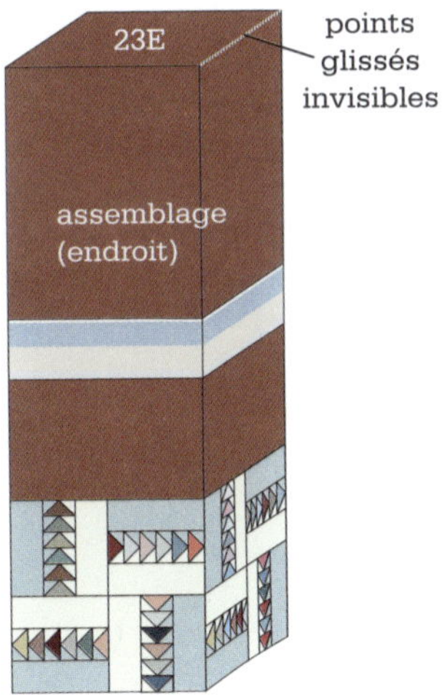

㉕ Par l'ouverture laissée libre, retourner l'ouvrage sur l'endroit.
Fermer l'ouverture à points glissés invisibles.

Finaliser l'assemblage du corps du sac selon les indications suivantes.

㉖ Glisser la doublure à l'intérieur du sac et la maintenir en place par quelques points invisibles.

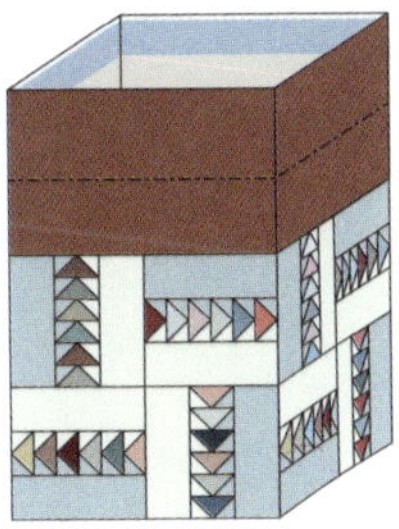

㉗ Replier le haut du sac pour former le revers autour de l'ouverture.

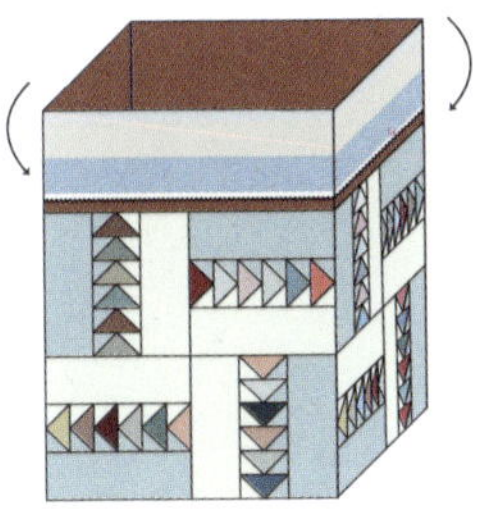

LES POIGNÉES

Sélectionner 1 **bande 24E** et réaliser 1 poignée selon les indications suivantes.

㉘ Sélectionner 1 bande 24E.

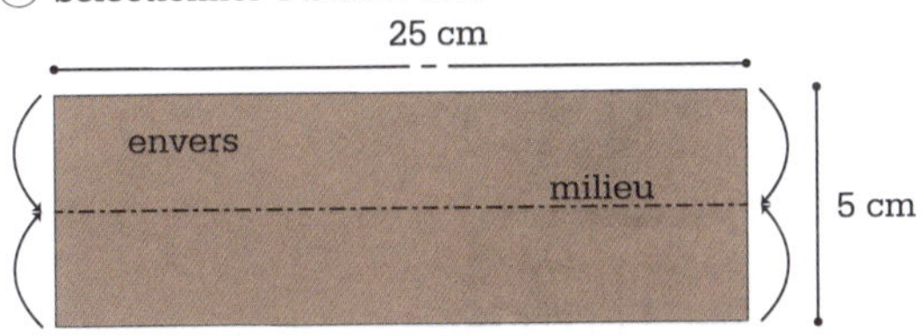

㉙ Replier les bords vers le milieu.

㉚ Repasser, puis plier à nouveau en deux. Repasser à nouveau.

㉛ Coudre pour maintenir en place.

㉜ Faire 1 autre poignée identique.

Plier et fixer les poignées sur le sac selon les indications suivantes en s'inspirant de la photo du modèle pour les positionner.

㉝ Plier chacune des poignées en deux, puis les fixer sur le sac avec un bouton.

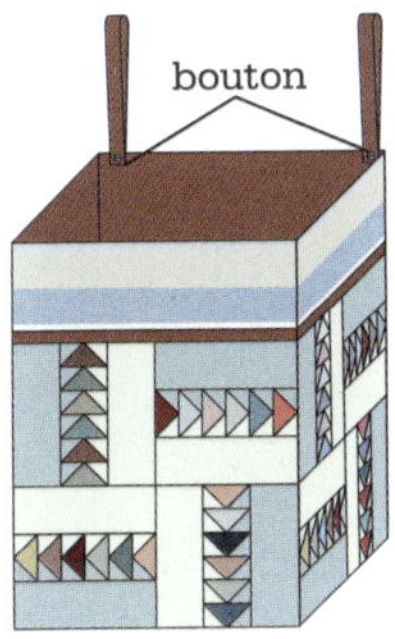

Coussins
ARLES

Les dimensions sont données avec une marge de couture de 0,75 cm incluse, sauf indication contraire.
Les gabarits sont donnés sans marge de couture.

Grand coussin

DIMENSIONS

62 x 62 cm

FOURNITURES

- Chutes de tissus écrus imprimés et faux unis pour un métrage total de 50 x 110 cm environ : **Tissus A**
- Chutes de tissus jaunes imprimés et faux unis pour un métrage total de 50 x 110 cm environ : **Tissus B**
- 65 x 110 cm de tissu jaune imprimé : **Tissu C**
- 70 x 70 cm de molleton
- 70 x 70 cm de tissu de propreté (non visible)
- Fil à coudre
- Coton à broder jaune
- Aiguille à broder
- 70 x 90 cm de Vlieseline L11
- Stylo pointe fine
- 1 coussin de 60 x 60 cm
- Crayon effaçable à l'eau, crayon à papier
- Colle en aérosol
- Cutter rotatif, règle et plaque de coupe
- Machine à coudre et matériel de couture

Petit coussin

DIMENSIONS

48 x 48 cm

FOURNITURES

- Chutes de tissus écrus imprimés et faux unis pour un métrage total de 40 x 110 cm environ : **Tissus A**
- Chutes de tissus jaunes imprimés et faux unis pour un métrage total de 40 x 110 cm environ : **Tissus B**
- 35 x 110 cm de tissu jaune imprimé : **Tissu C**
- 55 x 55 cm de tissu de propreté (non visible)
- Fil à coudre
- 50 x 90 cm de Vlieseline L11
- Stylo pointe fine
- 1 coussin de 50 x 50 cm
- Crayon effaçable à l'eau, crayon à papier
- Colle en aérosol
- Cutter rotatif, règle et plaque de coupe
- Machine à coudre et matériel de couture

Gabarits encart A

Grand coussin

Sur les schémas et sur les gabarits, les chiffres identifient les pièces, et les lettres identifient les tissus. Les chiffres entourés identifient l'ordre des assemblages.

LA MARCHE À SUIVRE

LES GABARITS

À l'aide du stylo à pointe fine, reporter 4 fois le **bloc 1** (gabarit) sur la Vlieseline L11, en les espaçant d'au moins 2 cm. Une fois les blocs reportés, les découper en ajoutant une marge de 1 cm minimum tout autour des blocs.

LA COUPE

Dans les tissus A, couper, en variant les coloris des tissus :

• Des bandes de 2 cm de large dans la largeur totale des tissus - marge de 0,5 cm incluse.

Dans 1 des tissus B, couper :

• 2 **bandes 1** de 3,5 x 59,5 cm

• 2 **bandes 2** de 3,5 x 63,5 cm.

Dans les tissus B, couper en variant les coloris des tissus :

• Des bandes de 2 cm de large dans la largeur totale des tissus - marge de 0,5 cm incluse.

Astuce : couper les bandes de 2 cm de large dans les tissus A et B au fur et à mesure de la réalisation des blocs.

Dans le tissu C, couper :

• 2 **rectangles 3** de 50 x 63,5 cm.

LES BLOCS 1

Sélectionner les gabarits des **blocs 1** (Vlieseline L11) et les bandes de 2 cm coupées dans les **tissus A** et **B**. Réaliser les **blocs 1** selon les indications suivantes.

① Réaliser 4 blocs 1 selon la technique de la couture sur support.

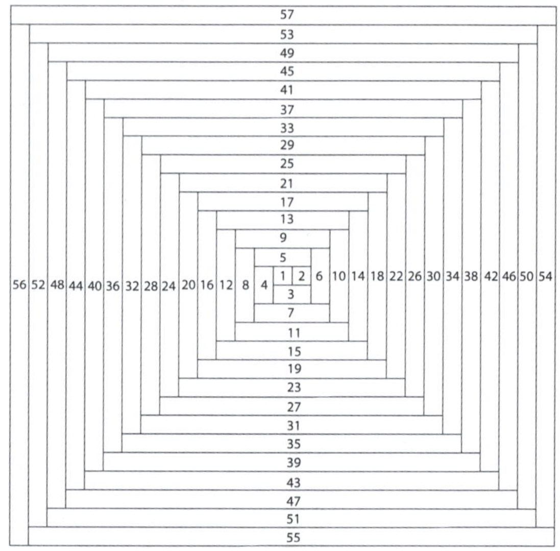

gabarit pour couture sur support
envers du bloc

bloc 1
endroit du bloc

Une fois les 4 blocs réalisés,

• Les repasser en veillant à ne pas les déformer

• Recouper le surplus de tissu tout autour de chacun des blocs en ajoutant une marge de couture de 0,75 cm

• Conserver le tissu de support « Vliseline L11 ».

LE PANNEAU CENTRAL

Sélectionner les **blocs 1** et les positionner selon les indications suivantes en veillant à bien les orienter. Les assembler pour obtenir le panneau central.

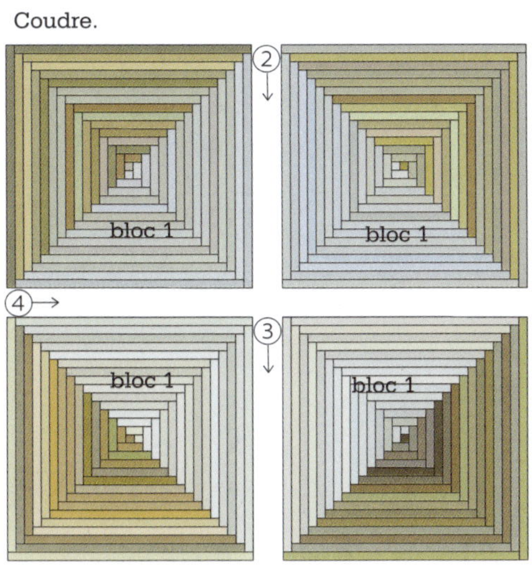

LES BORDURES

Sélectionner les **bandes 1B** et **2B** et les assembler autour du panneau central, selon les indications suivantes.

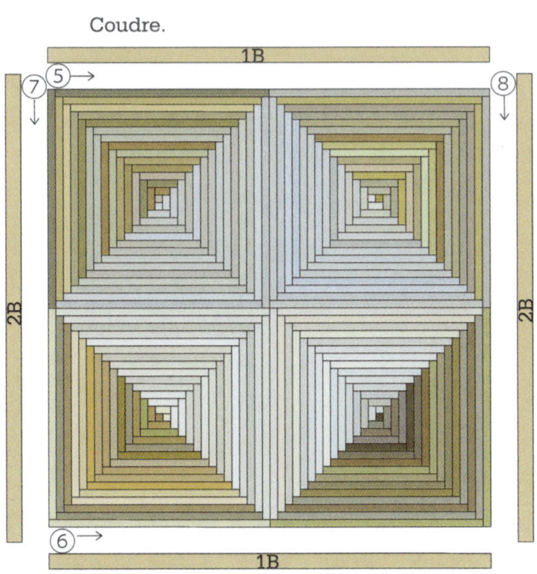

LE MATELASSAGE

Superposer le tissu de propreté et le panneau, envers contre envers, en insérant le molleton entre les 2 épaisseurs de tissu, et fixer avec la colle en aérosol.

Réaliser des nouettes avec le coton jaune selon les indications suivantes.

⑨ Matelasser en formant des nouettes.

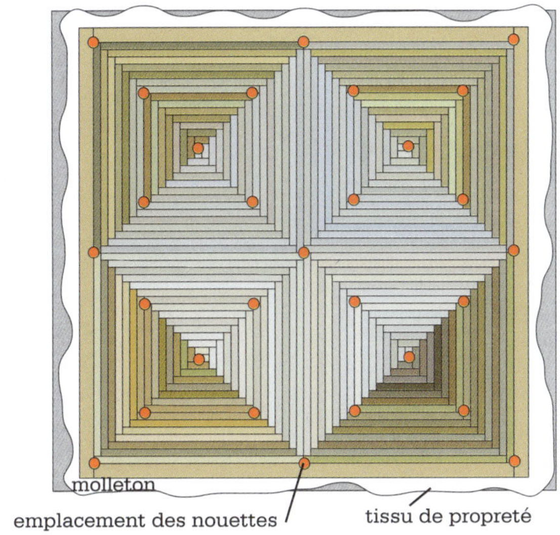

⑩ Réaliser les nouettes sur les emplacements identifiés selon les indications suivantes.

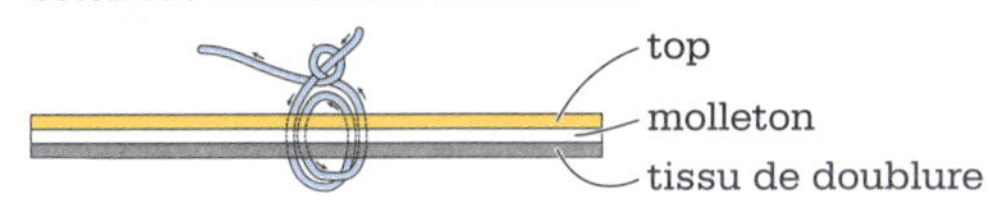

Recouper l'excédent de molleton et de tissu de propreté au ras du panneau.

LE DOS ET L'ASSEMBLAGE DE LA HOUSSE DE COUSSIN

Sélectionner les **2 rectangles 3C** et réaliser le dos de la housse selon les explications page 15. Réaliser les volants autour de la housse de coussin, selon les indications suivantes.

⑪ Surpiquer à 3 cm des bords pour former les volants autour de la housse de coussin.

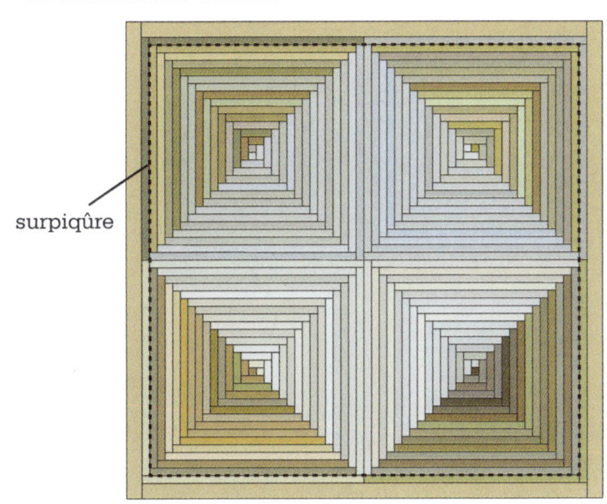

Glisser le coussin dans la housse par l'ouverture.

Petit coussin

Sur les schémas et sur les gabarits, les chiffres identifient les pièces, et les lettres identifient les tissus. Les chiffres entourés identifient l'ordre des assemblages.

LA MARCHE À SUIVRE

LES GABARITS

À l'aide du stylo à pointe fine, reporter 4 fois le **bloc 1** (gabarit) sur la Vlieseline L11, en les espaçant d'au moins 2 cm.
De la même façon, reporter 2 fois le **bloc 2** sur la Vlieseline L11, en les espaçant d'au moins 2 cm.

Une fois tous les blocs reportés, les découper en ajoutant une marge de 1 cm minimum tout autour des blocs.

LA COUPE

Dans les tissus A, couper, en variant les coloris des tissus :
• Des bandes de 2 cm de large dans la largeur totale des tissus - marge de 0,5 cm incluse.

Dans les tissus B, couper en variant les coloris des tissus :
• Des bandes de 2 cm de large dans la largeur totale des tissus - marge de 0,5 cm incluse.

Astuce : couper les bandes de 2 cm de large dans les tissus A et B au fur et à mesure de la réalisation des blocs.

Dans le tissu C, couper :
• 2 **rectangles 1** de 35 x 49,5 cm.

LE BLOC 1A

Sélectionner 1 gabarit du **bloc 1** (Vlieseline L11) et les bandes de 2 cm coupées dans les **tissus B**.
Réaliser le **bloc 1a** selon les indications suivantes.

① Réaliser 1 bloc 1a selon la technique de la couture sur support.

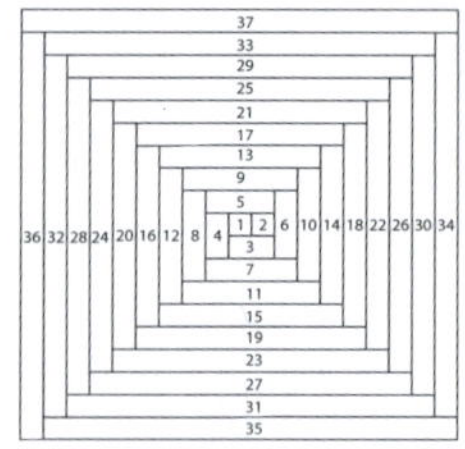

gabarit pour couture sur support envers du bloc

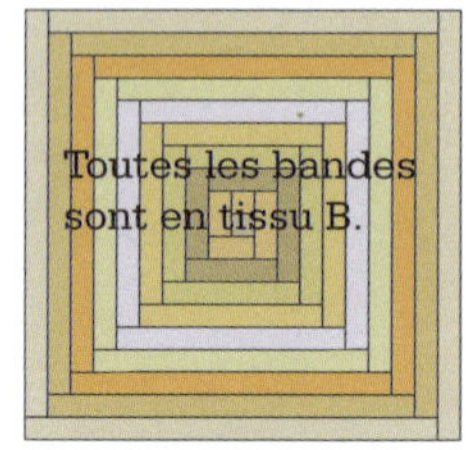

bloc 1a endroit du bloc

LE BLOC 1B

Sélectionner 1 gabarit du **bloc 1** (Vlieseline L11) et les bandes de 2 cm coupées dans les **tissus A**.
Réaliser le **bloc 1 b** selon les indications suivantes.

② Réaliser 1 bloc 1b selon la technique de la couture sur support.

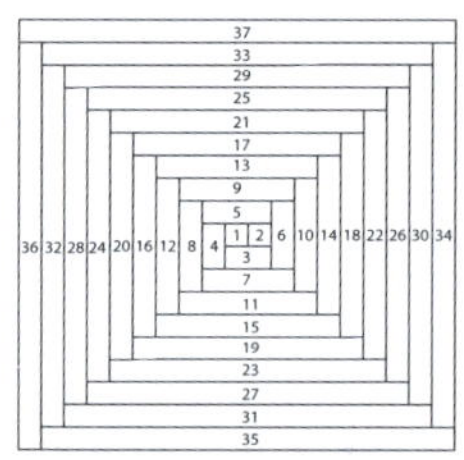

gabarit pour couture sur support envers du bloc

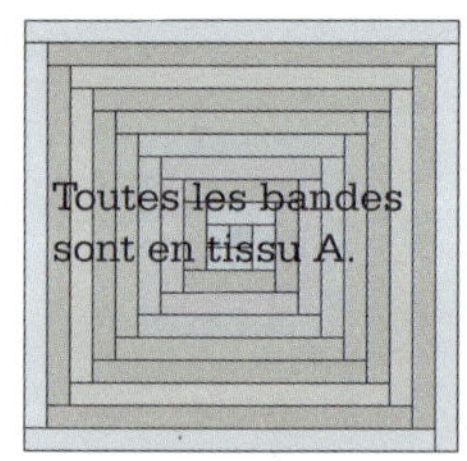

bloc 1b endroit du bloc

LES BLOCS 1C

Sélectionner les 2 gabarits du **bloc 1 restants** (Vlieseline L11) et les bandes de 2 cm coupées dans les **tissus A** et **B.**
Réaliser 2 **blocs 1c** selon les indications suivantes.

③ Réaliser 2 blocs 1c selon la technique de la couture sur support.

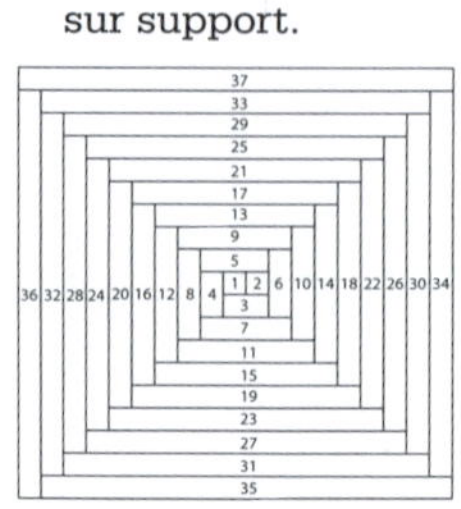

gabarit pour couture sur support envers du bloc

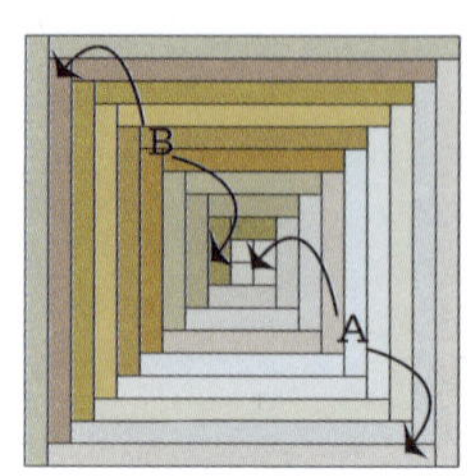

bloc 1c endroit du bloc

Une fois les 4 **blocs 1** réalisés,
- Les repasser en veillant à ne pas les déformer
- Recouper le surplus de tissu tout autour de chacun des blocs en ajoutant une marge de couture de 0,75 cm
- Conserver le tissu de support « Vliseline L11 ».

LES BORDURES 1

Sélectionner 1 gabarit du **bloc 2** (Vlieseline L11) et les bandes de 2 cm coupées dans les **tissus A**. Réaliser le **bloc 2a** selon les indications suivantes.

④ Réaliser 1 bloc 2a selon la technique de la couture sur support.

gabarit pour couture sur support envers du bloc

bloc 2a endroit du bloc

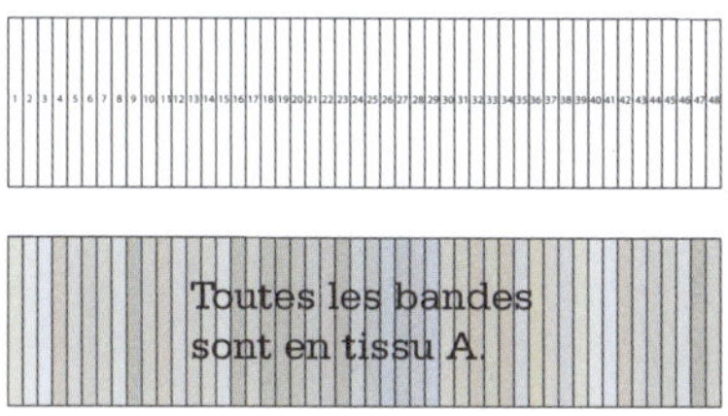

Une fois le **bloc 2a** réalisé,
- Le repasser en veillant à ne pas le déformer
- Recouper le surplus de tissu tout autour en ajoutant une marge de couture de 0,75 cm
- Conserver le tissu de support « Vlieseline L11 »
- Couper le bloc en deux, selon les indications suivantes pour obtenir les 2 **bordures 1**.

⑤ Couper le bloc 2a en deux pour obtenir les bordures 1.

bordure 1

bordure 1

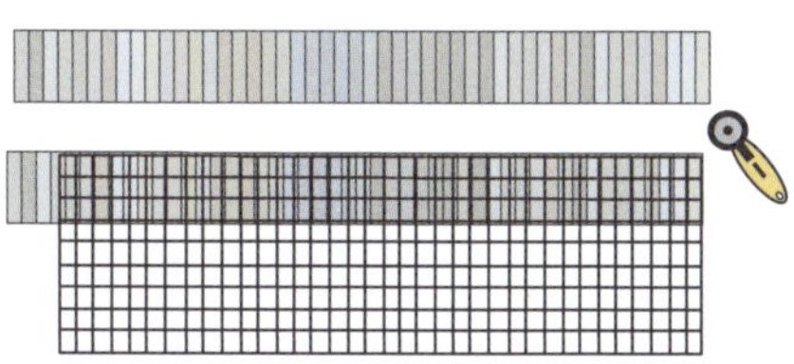

LES BORDURES 2

Sélectionner le gabarit du **bloc 2 restant** (Vlieseline L11) et les bandes de 2 cm coupées dans les **tissus B**. Réaliser le **bloc 2 b** selon les indications suivantes.

⑥ Réaliser 1 bloc 2b selon la technique de la couture sur support.

gabarit pour couture sur support envers du bloc

bloc 2b endroit du bloc

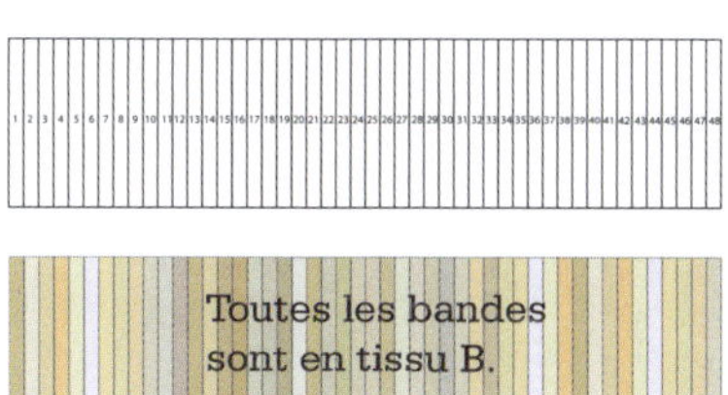

Une fois le **bloc 2 b** réalisé,
- Le repasser en veillant à ne pas le déformer
- Recouper le surplus de tissu tout autour en ajoutant une marge de couture de 0,75 cm
- Conserver le tissu de support « Vliseline L11 »
- Couper le bloc en deux, selon les indications suivantes pour obtenir les 2 **bordures 2**.

⑦ Couper le bloc 2b en deux pour obtenir les bordures 1.

bordure 2

bordure 2

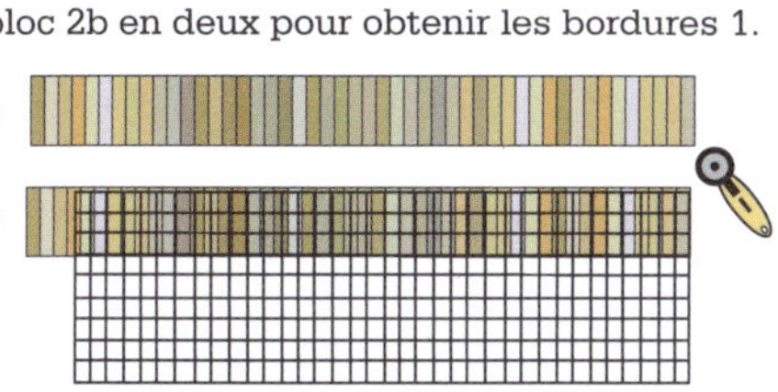

LE PANNEAU CENTRAL

Sélectionner les **blocs 1** et les positionner selon les indications suivantes en veillant à bien les orienter. Les assembler pour obtenir le panneau central.

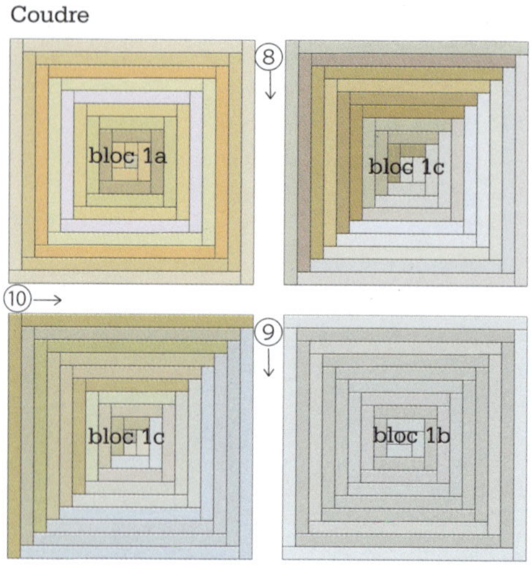

LES BORDURES

Sélectionner les **bordures 1** et **2** et les assembler autour du panneau central, selon les indications suivantes.

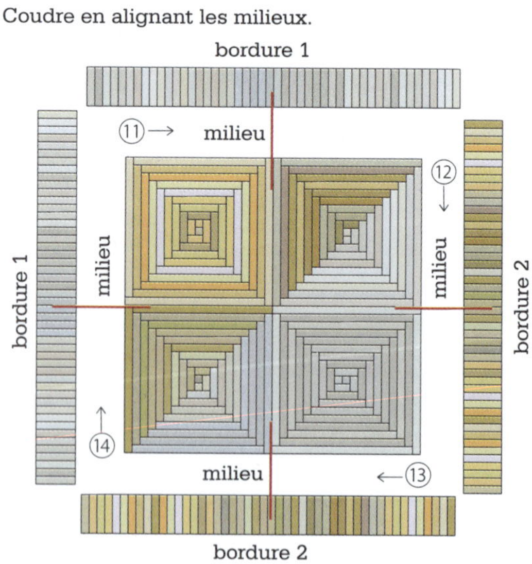

⑮ Finaliser les coins en réalisant des angles à 45°.

Une fois l'assemblage réalisé, recouper le surplus de **tissu des bordures 1** et **2** dans les angles, sous l'ouvrage, en conservant une marge de couture.

LA DOUBLURE

Superposer le tissu de propreté et le panneau, envers contre envers, et fixer avec la colle en aérosol. Coudre tout autour à 5 mm des bords et recouper l'excédent de tissu de propreté au ras du panneau.

⑯ Doubler l'ouvrage avec le tissu de propreté.

LE DOS DE LA HOUSSE DE COUSSIN ET L'ASSEMBLAGE

Sélectionner les **2 rectangles 3C** et réaliser le dos de la housse selon les explications page 15.

Coussins JANINE

Réalisation Janine Alers de « House of Quilts » pour Kristel Salgarollo

Les dimensions sont données avec une marge de couture de 0,75 cm incluse, sauf indication contraire.
Les gabarits sont donnés sans marge de couture.

Coussin oiseaux

DIMENSIONS

42 x 42 cm

FOURNITURES

- 50 x 55 cm de tissu gris uni : **Tissu A**
- Chutes de tissus écrus imprimés faux uni pour un métrage global de 25 x 110 cm environ : **Tissus B**
- 10 x 55 cm de tissu jaune imprimé : **Tissu C**
- 45 x 110 cm de tissu blanc cassé imprimé motifs gris et jaune : **Tissu D**
- Chutes de tissus dans des coloris vert foncé (branches), vert (feuilles) et rouges (oiseaux) : **Tissus E**
- Fil à coudre
- Cotons à broder dans des coloris assortis aux tissus E
- Aiguille à broder
- Gabarit EZ log 8L-DBL de « Foltvilag »
- 50 x 50 cm de tissu « Vetex »
- Stylo pointe fine
- 1 coussin de 40 x 40 cm
- Voile thermocollant double face
- Crayon effaçable à l'eau, crayon à papier
- Cutter rotatif, règle et plaque de coupe
- Machine à coudre et matériel de couture

Coussin fleurs

DIMENSIONS

42 x 42 cm

FOURNITURES

- 25 x 55 cm de tissu blanc cassé imprimé faux uni : **Tissu A**
- 25 x 55 cm de tissu blanc cassé imprimé petite fleurs rouges : **Tissu B**
- Chutes de tissus rouges imprimés : **Tissus C**
- Chutes de tissus blanc cassé imprimés faux uni : **Tissus D**
- Chute de tissu jaune imprimé petites fleurs rouges : **Tissu E**
- 15 x 55 cm de tissu vert foncé : **Tissu F**
- 50 x 110 cm de tissu rose imprimé petites fleurs : **Tissu G**
- Chutes de tissus dans des coloris vert foncé (feuilles), vert (tiges) : **Tissus H**
- Fil à coudre
- Cotons à broder dans des coloris assortis aux tissus C et F
- Aiguille à broder
- Gabarit EZ log 21 de « Foltvilag »
- 60 x 60 cm de tissu « Vetex »
- Stylo pointe fine
- 1 coussin de 40 x 40 cm
- Rhodoïd pour gabarits et feutre fin permanent
- Voile thermocollant double face
- Crayon effaçable à l'eau, crayon à papier
- Cutter rotatif, règle et plaque de coupe
- Machine à coudre et matériel de couture

Gabarits encart A

Coussin oiseaux

Sur les schémas et sur les gabarits, les chiffres identifient les pièces, et les lettres identifient les tissus. Les chiffres entourés identifient l'ordre des assemblages.

LA MARCHE À SUIVRE

LES GABARITS

À l'aide du stylo à pointe fine, reporter le gabarit EZ log 8L-DBL sur le tissu « Vetex » en les espaçant d'au moins 2 cm, pour obtenir le gabarit du **bloc 1**.

Remarque : si vous n'avez pas le gabarit de « Foltvilag », reportez le gabarit du bloc 1 par transparence sur le tissu « Vetex », en veillant à ne pas le déformer.

Une fois les blocs reportés, les découper en ajoutant une marge de 1 cm minimum tout autour des blocs.

LA COUPE

Dans le tissu A, couper :

• Des bandes de 3 cm de large dans la largeur totale des tissus (**bandes** du **bloc 1**).

Dans les tissus B, couper :

• Des bandes de 3 cm de large dans la largeur totale des tissus (**bandes** du **bloc 1**).

Astuce : couper les bandes de tissus A et B au fur et à mesure de la réalisation du bloc.

Dans le tissu C, couper :

• 1 **carré 1** de 3,6 x 3,6 cm (carré central du **bloc 1**)
• 2 **bandes 1** de 2,5 x 31,5 cm
• 2 **bandes 2** de 2,5 x 33,5 cm.

Dans le tissu D, couper :

• 2 **bandes 3** de 6,5 x 33,5 cm
• 2 **bandes 4** de 6,5 x 43,5 cm.
• 2 **rectangles 5** de 30 x 43,5 cm.

Dans les tissus E, préparer et couper les pièces appliquées en s'inspirant de la photo du modèle pour le choix des coloris des tissus, selon la technique de l'appliqué thermocollé (sans ajouter de marge de couture).

LE BLOC 1

Sélectionner le gabarit du **bloc 1** (tissu Vetex), le **carré 1C** et les bandes de 3 cm coupées dans les **tissus A** et **B**.
Réaliser le **bloc 1** selon les indications suivantes.

① Réaliser le bloc 1 selon la technique de la couture sur support.

gabarit pour couture sur support envers du bloc

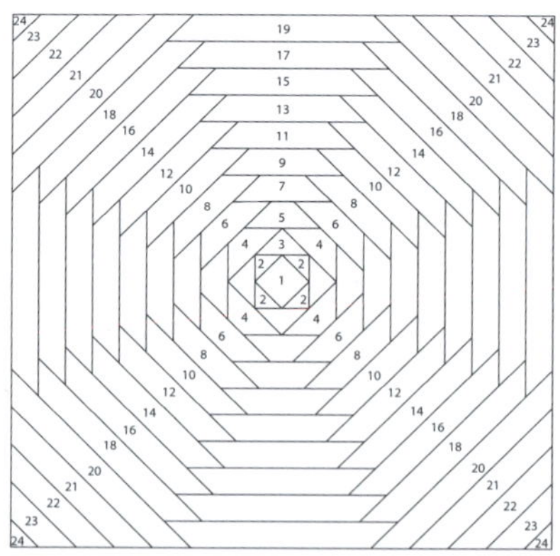

bloc 1 endroit du bloc

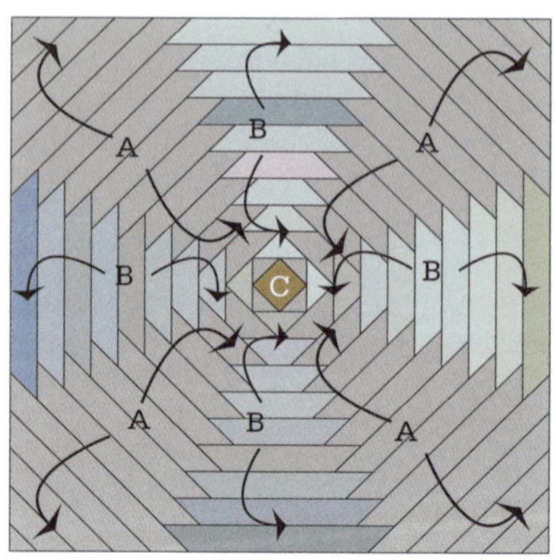

Une fois le **bloc 1** réalisé,
• Le repasser en veillant à ne pas le déformer
• Recouper le surplus de tissu tout autour en ajoutant une marge de couture de 0,75 cm
• Conserver le tissu de support « Vetex ».

LES BORDURES

Sélectionner les **bandes 1** à **4** et les assembler autour du **bloc 1**, selon les indications suivantes.

Coudre.

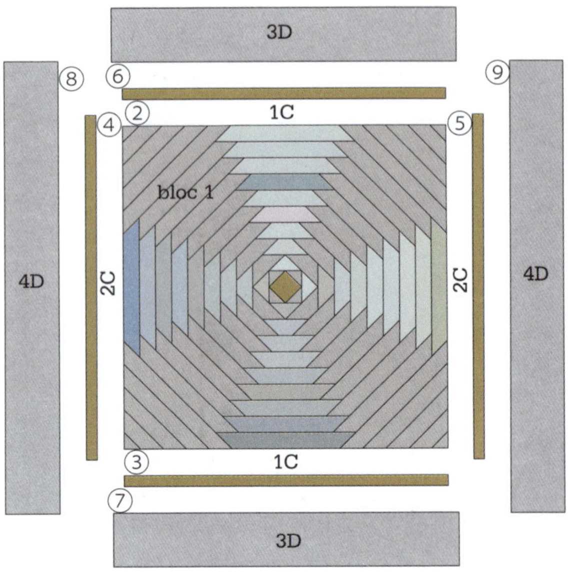

LES APPLIQUÉS

Sélectionner les pièces appliquées, les placer sur le dessus de la housse de coussin.
Les fixer au fer chaud et broder les contours selon les indications suivantes.

⑩ Réaliser les appliqués selon la technique de l'appliqué thermocollé et broder les contours au point de feston avec un fil de coloris assorti au tissu.

LE DOS DE LA HOUSSE DE COUSSIN

Sélectionner les **2 rectangles 5D** et réaliser le dos de la housse selon les explications page 15.

L'ASSEMBLAGE

Se reporter aux explications page 15.

Coussin fleurs

Sur les schémas et sur les gabarits, les chiffres identifient les pièces, et les lettres identifient les tissus. Les chiffres entourés identifient l'ordre des assemblages.

LA MARCHE À SUIVRE

LES GABARITS

Reporter le contour des **pièces 1** et **2** (**gabarits**) sur le Rhodoïd avec le feutre fin permanent.
Ajouter une marge de couture de 0,75 cm tout autour des pièces et les découper sur les traits extérieurs.
De la même façon, reporter la **pièce 1** du **bloc 1** et les **pièces 1** à **3** du **bloc 2** avec le feutre fin permanent.
Ajouter une marge de couture de 0,75 cm tout autour des pièces et les découper sur les traits extérieurs.

À l'aide du stylo à pointe fine, reporter 4 fois les gabarits EZ log 21 sur le tissu « Vetex » en les espaçant d'au moins 2 cm, pour obtenir les gabarits des **blocs 1**.

Remarque : si vous n'avez pas le gabarit de « Foltvilag », reportez 4 fois les gabarits du bloc 1 et du bloc 2 par transparence sur le tissu « Vetex », en veillant à ne pas les déformer.

Une fois les blocs reportés, les découper en ajoutant une marge de 1 cm minimum tout autour des blocs.

LA COUPE

Dans le tissu A, couper :
• 4 **pièces 2**.

Dans les tissus B, couper, en variant les coloris des tissus :
• 8 **pièces 1** – **bloc 2**
• 16 **pièces 3** – **bloc 2**.

Dans le tissu C, couper, en variant les coloris des tissus :
• 20 **pièces 2** – **bloc 2**.

Dans le tissu D, couper, en variant les coloris des tissus :
• 20 **pièces 1** – **bloc 1**.

Dans le tissu E, couper :
• 4 **pièces 1**.

Dans le tissu F, couper :
• 2 **bandes 3** de 3 x 31,5 cm
• 2 **bandes 4** de 3 x 34,5 cm.

Dans le tissu G, couper :
• 2 **bandes 5** de 6 x 34,5 cm
• 2 **bandes 6** de 6 x 43,5 cm
• 2 **rectangles 7** de 30 x 43,5 cm.

Dans les tissus C et dans les tissus H, préparer et couper les pièces appliquées en s'inspirant de la photo du modèle pour le choix des coloris des tissus, selon la technique de l'appliqué thermocollé (sans ajouter de marge de couture).

LES BLOCS 1

Sélectionner les gabarits des **blocs 1** (tissu Vetex) et les **pièces 1** coupées dans les **tissus D**.
Réaliser les **blocs 1** selon les indications suivantes.

Astuce : les pièces 1 à 5 sont toutes identiques, les numéros sur les gabarits indiquent l'ordre d'assemblage des pièces selon la technique de la couture sur support.

① Réaliser 4 blocs 1 selon la technique de la couture sur support.

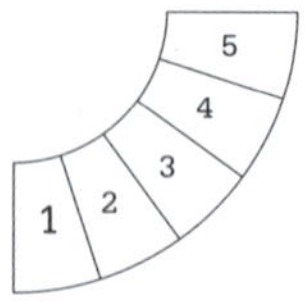

gabarit pour couture sur support
envers du bloc

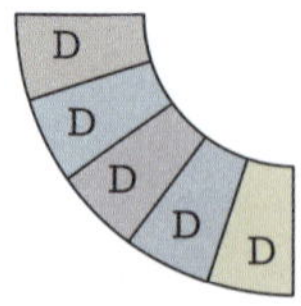

bloc 1
endroit du bloc

LES BLOCS 2

Sélectionner les gabarits des **blocs 2** (tissu Vetex) et les **pièces 1** à **3** coupées dans les **tissus B** et **C**. Réaliser les **blocs 2** selon les indications suivantes.

Astuce : les pièces 1 et 11 sont identiques. Les pièces 2, 5, 7 et 9 sont identiques. Les pièces 2, 4, 6, 8 et 10 sont identiques. Les numéros sur les gabarits indiquent l'ordre d'assemblage des pièces selon la technique de la couture sur support.

② Réaliser 4 blocs 1 selon la technique de la couture sur support.

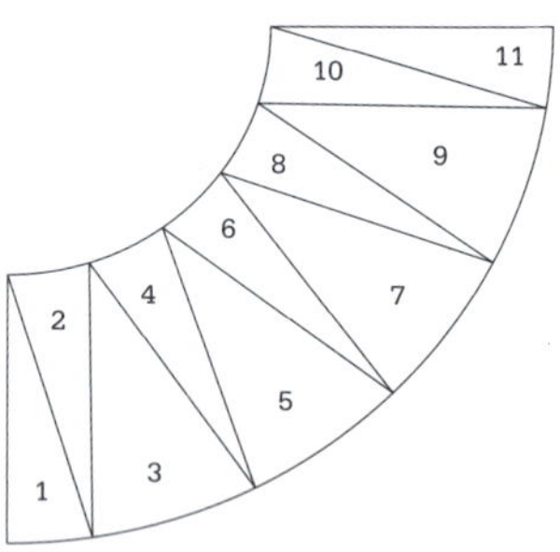

gabarit pour couture sur support
envers du bloc

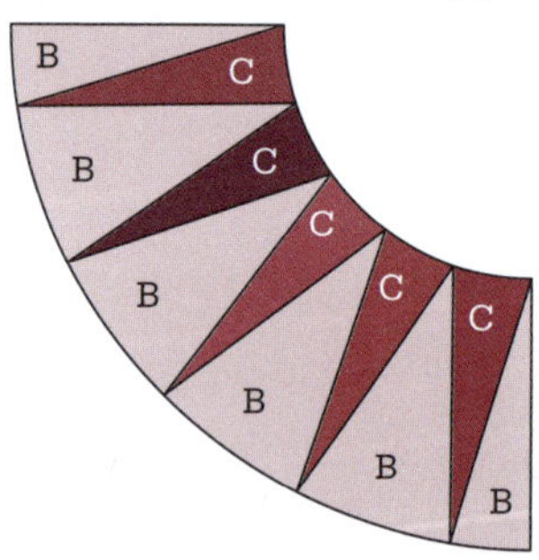

bloc 2
endroit du bloc

Une fois les **blocs 1** et **2** réalisés,

• Les repasser en veillant à ne pas les déformer
• Recouper le surplus de tissu tout autour de chacun des blocs en ajoutant une marge de couture de 0,75 cm
• Conserver le tissu de support « Vetex ».

LES BLOCS 3

Sélectionner les **blocs 1** et **2** et les **pièces 1E** et **2A** et les assembler selon les indications suivantes pour former les 4 **blocs 3**.

Coudre selon la technique de l'assemblage des pièces courbes.

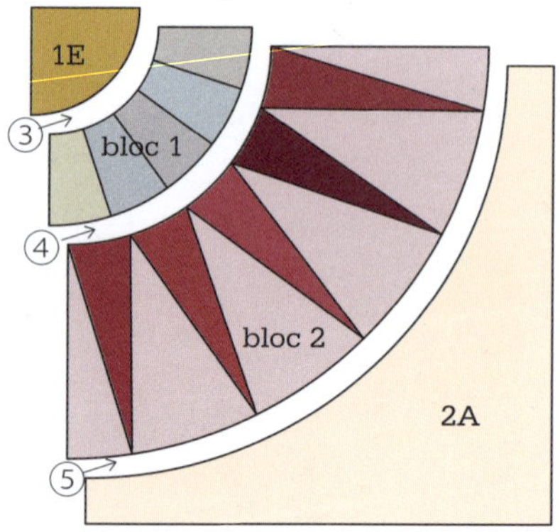

bloc 3

⑥ Réaliser 4 blocs 3.

LE PANNEAU CENTRAL

Sélectionner les **blocs 3** et les assembler selon les indications suivantes, en veillant à bien les orienter.

Coudre.

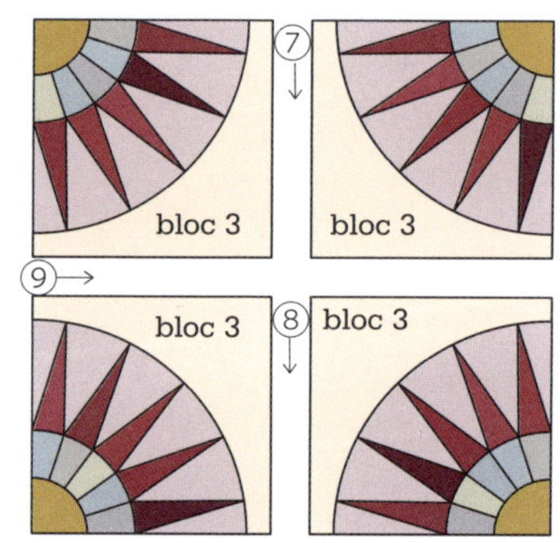

LES APPLIQUÉS

Sélectionner les pièces appliquées, les placer sur le panneau central. Les fixer au fer chaud et broder les contours selon les indications suivantes.

⑩ Réaliser les appliqués selon la technique de l'appliqué thermocollé et broder les contours au point de feston avec un fil de coloris assorti au tissu.

LES BORDURES

Sélectionner les **bandes 3** à **6** et les assembler autour du panneau central, selon les indications suivantes.

Coudre.

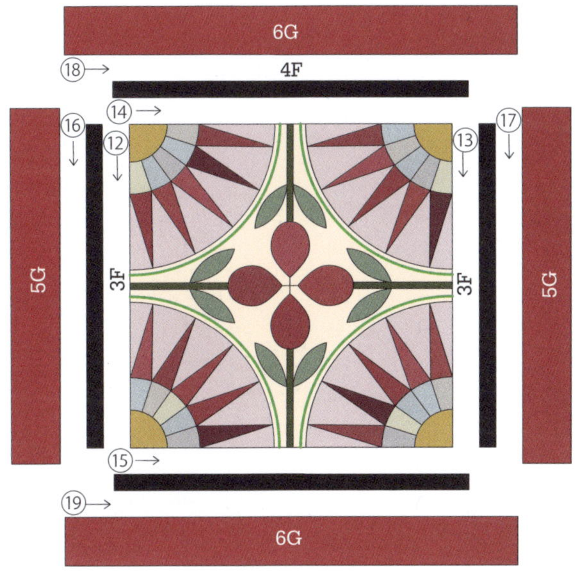

LE DOS DE LA HOUSSE DE COUSSIN

Sélectionner les **2 rectangles 7G** et réaliser le dos de la housse selon les explications page 15.

L'ASSEMBLAGE

Se reporter aux explications page 15.

LES BRODERIES

Réaliser un point de broderie selon les indications suivantes, en s'inspirant de la photo du modèle ou selon son gré pour le choix de la broderie.

⑪ Réaliser un point de broderie avec un fil vert, le long des pièces courbes 2A.

Di's PINEAPPLE

Les dimensions sont données avec une marge de couture de 0,75 cm incluse, sauf indication contraire.
Les gabarits sont donnés sans marge de couture.

DIMENSIONS

96 x 96 cm

FOURNITURES

Les tissus utilisés proviennent de la collection « Oak alley » de Di Ford Hall.

- 40 x 110 cm de tissu noir imprimé petits motifs rouges : **Tissu A**
- 70 x 110 cm de tissu écru uni : **Tissu B**
- 60 x 110 cm de tissu rose imprimé motifs fleuris : **Tissu C**
- 50 x 55 cm de tissu beige imprimé petits motifs bleus : **Tissu D**
- 50 x 55 cm de tissu vert imprimé motifs beige et marron : **Tissu E**
- 50 x 55 cm de tissu vert foncé imprimé fleurs beige : **Tissu F**
- 50 x 110 cm de tissu rouge imprimé motifs beige et marron : **Tissu G**
- 50 x 55 cm de tissu noir imprimé grosses fleurs rouge, verte et marron : **Tissu H**
- 100 x 110 cm de tissu noir imprimé feuilles beige et rouge en bande : **Tissu I**
- 20 x 110 cm de tissu noir uni : **Tissu J**
- 105 x 105 cm de molleton
- 105 x 105 cm de tissu de doublure
- Fil à coudre
- Fil à quilter noir
- Cotons à broder dans des coloris noir et rose
- Aiguille à broder
- Gabarit EZ log 24 de « Foltvilag »
- 110 x 110 cm de tissu « Vetex »
- Stylo pointe fine
- Crayon effaçable à l'eau, crayon à papier
- Colle en aérosol
- Cutter rotatif, règle et plaque de coupe
- Machine à coudre et matériel de couture

Gabarit encart A

Sur les schémas et sur les gabarits, les chiffres identifient les pièces, et les lettres identifient les tissus. Les chiffres entourés identifient l'ordre des assemblages.

LA MARCHE À SUIVRE

LES GABARITS

À l'aide du stylo à pointe fine, reporter 48 fois le gabarit EZ log 24 sur le tissu « Vetex » en les espaçant d'au moins 2 cm, pour obtenir les gabarits des **blocs 1**.

Remarque : si vous n'avez pas le gabarit de « Foltvilag », reportez 48 fois le gabarit des blocs 1 par transparence sur le tissu « Vetex », en veillant à ne pas les déformer.

Une fois les blocs reportés, les découper en ajoutant une marge de 1 cm minimum tout autour des blocs.

LA COUPE

Dans le tissu A, couper :

• 2 **bandes 15** de 3,5 x 37,5 cm

• 2 **bandes 16** de 3,5 x 41,5 cm

• Des bandes de 2 cm de large dans la largeur totale du tissu - marge de 0,5 cm incluse.

Dans le tissu B, couper :

• Des bandes de 1,6 cm de large dans la largeur totale du tissu - marge de 0,5 cm incluse.

Dans le tissu C, couper :

• 48 **carrés 1** de 3 x 3 cm - marge de 0,5 cm incluse

• Des bandes de 2 cm de large dans la largeur totale du tissu - marge de 0,5 cm incluse.

Dans les tissus D, **E**, **F** et **G**, couper :

• Des bandes de 2 cm de large dans la largeur totale du tissu - marge de 0,5 cm incluse.

Astuce : couper les bandes de tissus A à G au fur et à mesure de la réalisation des blocs.

Dans le tissu H, couper :

• 1 **carré 14** de 37,5 x 37,5 cm

Dans le tissu I, couper :

• 4 **bandes 17** de 8,5 x 100 cm en centrant un même motif imprimé sur chacune des bandes.

Remarques : les bandes 17 sont coupées plus longues que nécessaire pour faciliter la réalisation des angles à 45°.

Dans le tissu J, couper :

• 4 **bandes 18** de 4 cm de large dans la largeur totale du tissu.

LES BLOCS 1

Sélectionner les gabarits des **blocs 1** (tissu Vetex), les **carrés 1** coupés dans le **tissu C** et les bandes de 2 cm coupées dans les **tissus A** à **G**.

Réaliser les **blocs 1** selon les indications suivantes.

(1) Réaliser 48 blocs 1 selon la technique de la couture sur support.

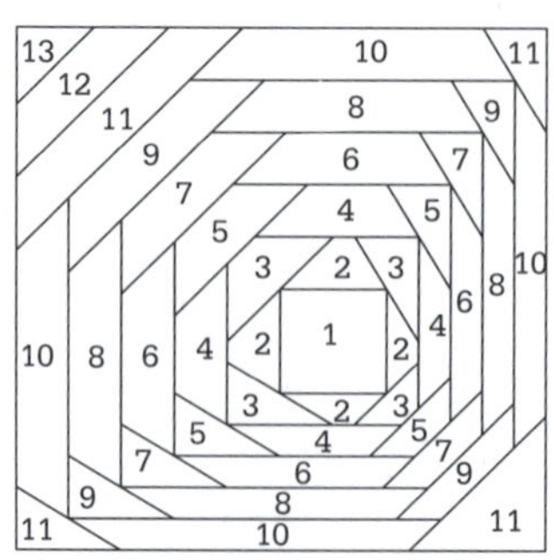

gabarit pour couture sur support
envers du bloc

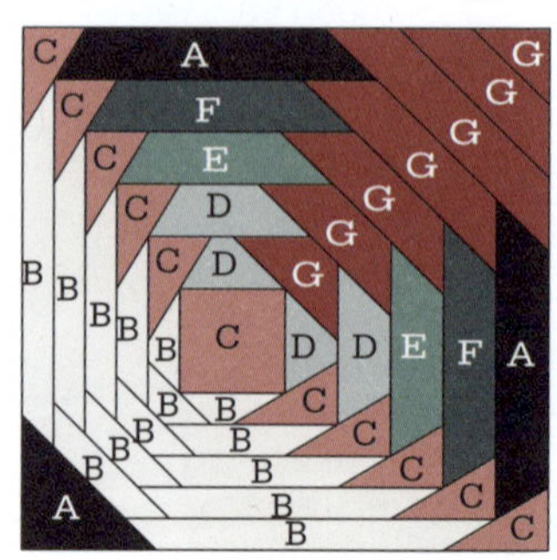

bloc 1
endroit du bloc

Astuce : réaliser les 48 blocs 1 selon la technique de l'assemblage à la chaine pour un assemblage plus rapide : positionner tous les carrés 1 sur les centres des supports en Vetex, puis coudre 1 bande 2D sur tous les blocs. Coudre la seconde bande 2D sur tous les blocs. Réaliser ensuite les bandes 2B et ainsi de suite…

Une fois les **blocs 1** réalisés,

- Les repasser en veillant à ne pas les déformer
- Recouper le surplus de tissu tout autour de chacun des blocs en ajoutant une marge de couture de 0,75 cm
- Conserver le tissu de support « Vetex ».

LES BLOCS 2

Sélectionner 4 **blocs 1** et les assembler selon les indications suivantes en veillant à bien les orienter.

Coudre.

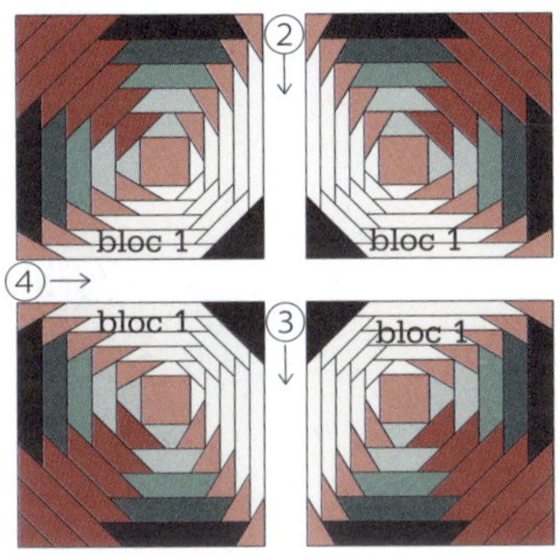

⑤ Réaliser 12 blocs 2.

LES BORDURES

Sélectionner les **blocs 2** et les assembler selon les indications suivantes pour obtenir les **bordures 1** et **2**.

Coudre.

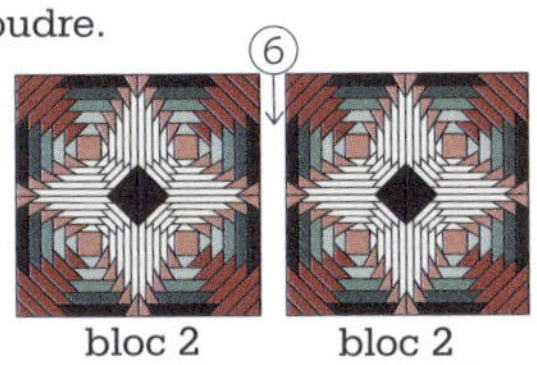

⑦ Réaliser 2 bordures 1.

Coudre.

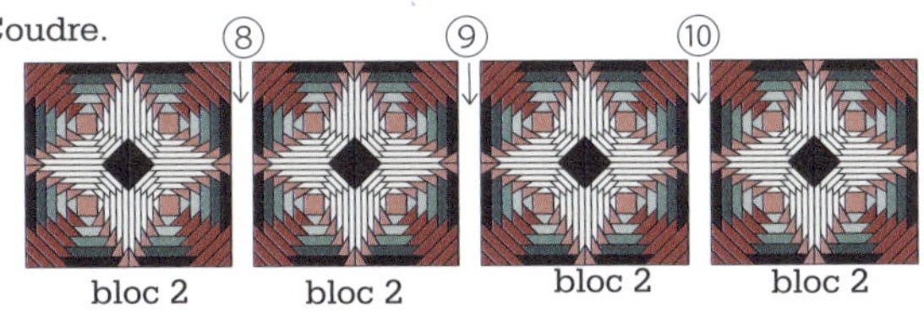

⑪ Réaliser 2 bordures 2.

LE PANNEAU CENTRAL

Sélectionner le **carré 14H** et les **bandes 15A** et **16A** et les assembler selon les indications suivantes pour obtenir le panneau central.

Coudre.

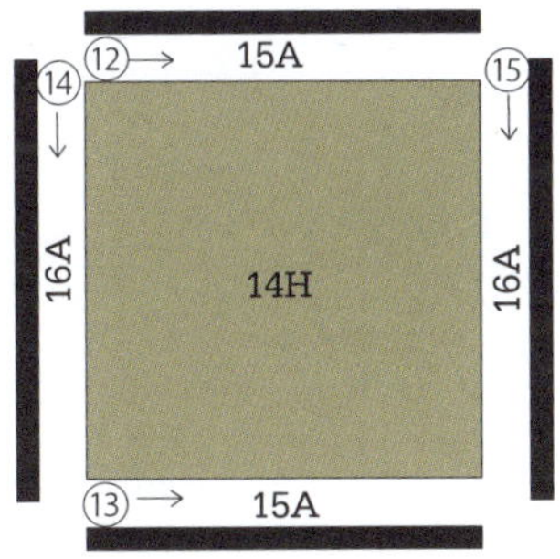

L'ASSEMBLAGE

Assembler les **bordures 1** et **2** autour du panneau central selon les indications suivantes.

Coudre.

LE MATELASSAGE

À l'aide du crayon effaçable à l'eau, reporter les lignes de matelassage sur le panneau en s'inspirant de la photo du modèle ou selon son gré.

Superposer le tissu de doublure et le panneau, envers contre envers, en insérant le molleton entre les 2 épaisseurs de tissu, et fixer avec la colle en aérosol. Matelasser sur les lignes tracées et réaliser des nouettes avec le coton noir (**centres des blocs 2**) et le coton rose (**autres emplacements**) selon les indications suivantes.

㉕ Matelasser en formant des nouettes.

㉖ Réaliser les nouettes sur les emplacements identifiés selon les indications suivantes.

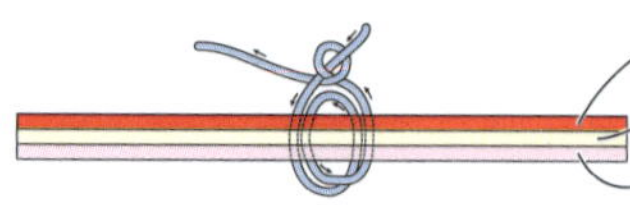

LES BORDURES FINALES

Sélectionner les 4 **bandes 17I** et les assembler autour du panneau central, selon les indications suivantes.

Coudre en alignant les milieux.

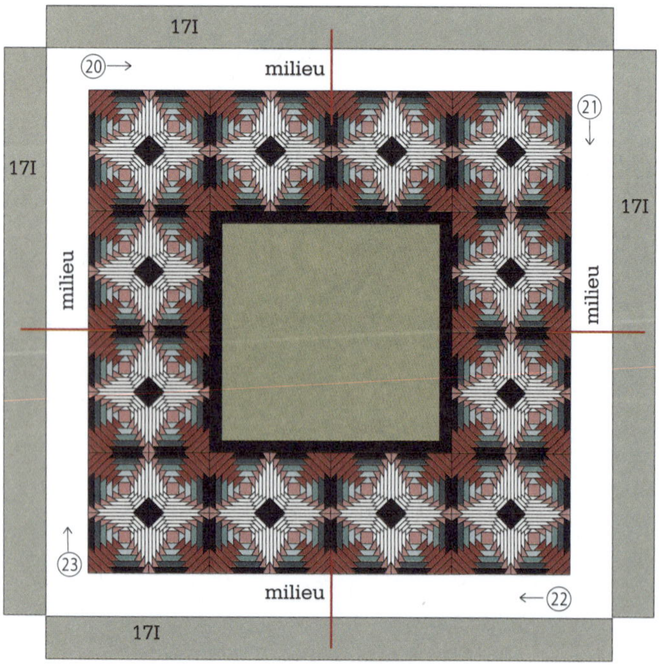

㉔ Finaliser les coins en réalisant des angles à 45°.

Une fois l'assemblage réalisé, recouper le surplus de **tissu I** dans les angles, sous l'ouvrage en conservant une marge de couture.

Recouper l'excédent de molleton et de tissu de doublure au ras du panneau.

Sélectionner les **bandes 18J** et les assembler entre elles, pour former 1 longue bande. Coudre la bande obtenue autour du panneau en alignant les bords bruts, et en formant des angles en onglet.
Rabattre cette bande de finition sur l'envers et la coudre à points glissés invisibles. Elle doit mesurer 1 cm environ une fois cousue.
Coudre un manchon si nécessaire et ajouter une étiquette.

Midsummer
PLAID

Les dimensions sont données avec une marge de couture de 0,75 cm incluse, sauf indication contraire.
Les gabarits sont donnés sans marge de couture.

DIMENSIONS

180 x 187 cm

FOURNITURES

- 25 x 55 cm de tissu imprimé multicolore : **Tissu A**
- Chutes de tissus imprimés et faux unis dans des coloris bleu, vert et rose, pour un métrage global de 200 x 110 cm environ : **Tissus B**
- 25 x 55 cm de 7 tissus jaune et ocre imprimés : **Tissus C**
- 200 x 110 cm de tissu blanc imprimé petites fleurs (Dutch Heritage « orange flowers ») : **Tissu D**
- 200 x 110 cm de tissu blanc cassé imprimés motifs fleuris en bande (Dutch Heritage « midsummer ») : **Tissu E**
- 190 x 195 cm de molleton
- 190 x 195 cm de tissu de doublure
- Fil à coudre
- Fil à quilter blanc
- Coton à broder jaune
- Aiguille à broder
- Gabarit EZ log 23 de « Foltvilag »
- 220 x 110 cm de tissu « Vetex »
- Stylo pointe fine
- Rhodoïd pour gabarits et feutre fin permanent
- Crayon effaçable à l'eau, crayon à papier
- Colle en aérosol
- Cutter rotatif, règle et plaque de coupe
- Machine à coudre et matériel de couture

Gabarits encart A

Sur les schémas et sur les gabarits, les chiffres identifient les pièces, et les lettres identifient les tissus. Les chiffres entourés identifient l'ordre des assemblages.

LA MARCHE À SUIVRE

LES GABARITS

Reporter le contour des **pièces 11** et **12** (**gabarits**) sur le Rhodoïd avec le feutre fin permanent.
Ajouter une marge de couture de 0,75 cm tout autour des pièces et les découper sur les traits extérieurs.

À l'aide du stylo à pointe fine, reporter 76 fois le gabarit EZ log 23 sur le tissu « Vetex » en les espaçant d'au moins 2 cm, pour obtenir les gabarits des **blocs 1 et 2**.
Remarque : si vous n'avez pas le gabarit de « Foltvilag », reportez 76 fois le gabarit des blocs 1 et 2 par transparence sur le tissu « Vetex », en veillant à ne pas le déformer.

Une fois les blocs reportés, les découper en ajoutant une marge de 1 cm minimum tout autour des blocs.

LA COUPE

Dans le tissu A, couper :

- Des bandes de 3,5 cm de large dans la largeur totale du tissu (**pièces 1** des **blocs 1** et **2**) – marge de 0,5 cm incluse.

Dans les tissus B, couper :

- Des bandes de 2 cm de large dans la largeur totale des tissus (**pièces 3**, **5**, **7** et **9** des **blocs 1** et **2**) – marge de 0,5 cm incluse.

Dans les tissus C, couper :

- 8 **triangles 12** en variant les coloris des tissus
- Des bandes de 3,5 cm de large dans la largeur totale du tissu (**pièces 2**, **4**, **6**, **8** et **10** des **blocs 1** et **2**) – marge de 0,5 cm incluse.

Dans le tissu D, couper dans la longueur du tissu :

- 4 **bandes 13** de 5,5 x 186,5 cm
- 4 **pièces 11** et 4 **pièces 11 inversées**
- 4 **bandes 16** de 4 cm de large dans la longueur totale du tissu
- Des bandes de 2 cm de large dans la largeur totale des tissus (**pièces 3**, **5**, **7** et **9** des **blocs 1** et **2**) – marge de 0,5 cm incluse.

Dans le tissu E, couper dans la longueur du tissu :

- 1 **bande 14** de 51,5 x 186,5 cm en centrant 1 motif imprimé en bande
- 2 **bandes 15** de 25,5 x 186,5 cm en centrant le même motif imprimé en bande sur chacune des bandes

Astuce : couper les bandes de 2 cm de large au fur et à mesure de la réalisation des blocs.

LES BLOCS 1

Sélectionner **64 gabarits du bloc 1 (tissu Vetex)** et les bandes de **tissus A, B, C et D.**
Réaliser 64 **blocs 1** selon les indications suivantes.

① Réaliser 64 blocs 1 selon la technique de la couture sur support.

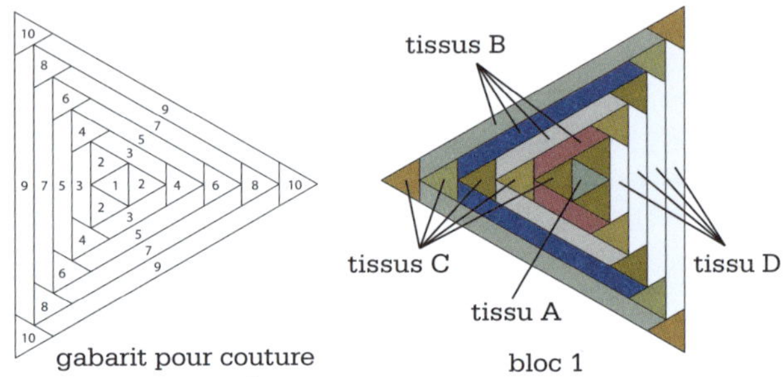

gabarit pour couture sur support envers du bloc

bloc 1 endroit du bloc

LES BLOCS 2

Sélectionner **8 gabarits du bloc 2 (tissu Vetex) et les bandes de tissus A, B, C et D.**
Réaliser 8 **blocs 2** selon les indications suivantes.

② Réaliser 8 blocs 2 selon la technique de la couture sur support.

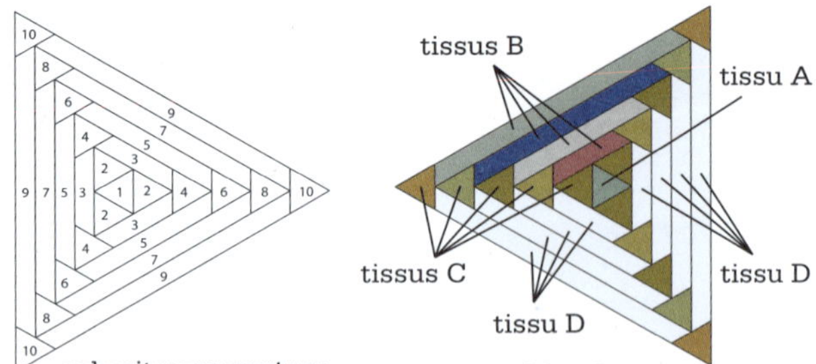

gabarit pour couture sur support envers du bloc

bloc 2 endroit du bloc

Une fois tous les **blocs 1** et **2** réalisés,

- Les repasser en veillant à ne pas les déformer
- Recouper le surplus de tissu tout autour de chacun des blocs en ajoutant une marge de couture de 0,75 cm
- Conserver le tissu de support « Vetex ».

LES BLOCS 5

Sélectionner 17 **blocs 1**, 2 **blocs 2**, 1 **bloc 3** et 1 **bloc 4**. Les disposer en ligne selon les indications suivantes en veillant à bien les orienter et les assembler.

⑦ Assembler 17 blocs 1 en ligne, en veillant à bien les orienter, puis ajouter 1 bloc 2 sur chacune des extrémités puis 1 bloc 3 et 1 bloc 4 sur les extrémités de l'assemblage.

⑧ Réaliser 4 assemblages.

Sélectionner 2 assemblages et les coudre selon les indications suivantes, pour obtenir 1 **bloc 5**.

⑨ Coudre les assemblages par paire, en veillant à bien les orienter.

⑩ Réaliser 2 blocs 5.

LES BLOCS 3 ET 4

Sélectionner les **pièces 11**, **11 inversées** et les **triangles 12**. Assembler les pièces selon les indications suivantes pour former 4 **blocs 3** et 4 **blocs 4**.

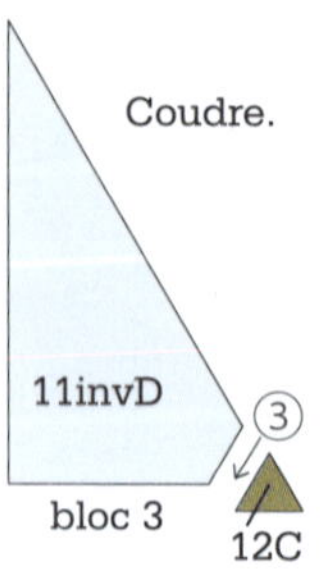

④ Réaliser 4 blocs 3.

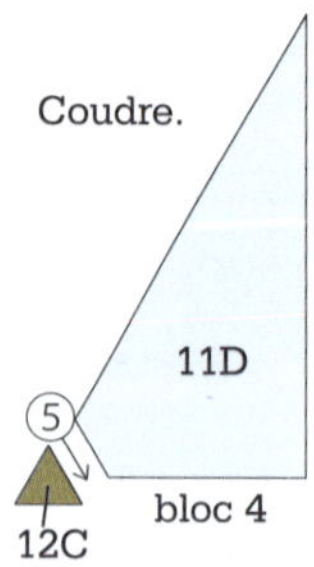

⑥ Réaliser 4 blocs 4.

L'ASSEMBLAGE

Sélectionner les **bandes 13**, **14** et **15** et les 2 **blocs 5** et les assembler selon les indications suivantes pour obtenir le top.

⑪ Coudre les blocs et les bandes en ligne.

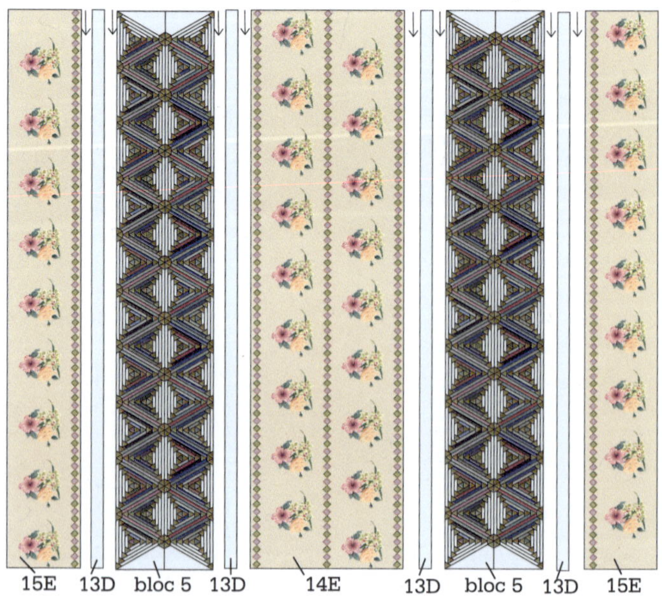

LE MATELASSAGE ET LA BANDE DE FINITION

À l'aide du crayon effaçable à l'eau, reporter les lignes de matelassage sur le panneau en s'inspirant de la photo du modèle ou selon son gré.

Superposer le tissu de doublure et le panneau, envers contre envers, en insérant le molleton entre les 2 épaisseurs de tissu, et fixer avec la colle en aérosol. Matelasser sur les lignes tracées et réaliser des nouettes avec le coton jaune selon les indications suivantes.

⑫ Réaliser des nouettes sur les triangles centraux de chaque bloc selon les indications suivantes.

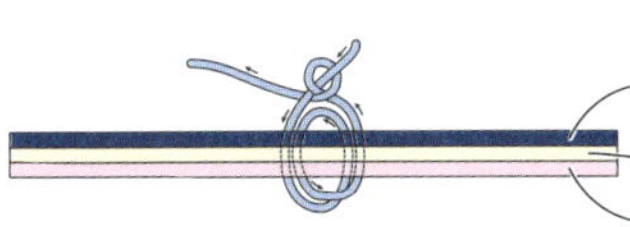

Une fois le matelassage finalisé, recouper l'excédent de tissu de doublure et de molleton au ras du panneau.

Sélectionner les **bandes 16D** et les assembler entre elles, pour former 1 longue bande. Coudre la bande obtenue autour du panneau en alignant les bords bruts, et en formant des angles en onglet.
Rabattre cette bande de finition sur l'envers et la coudre à points glissés invisibles. Elle doit mesurer 1 cm environ une fois cousue.

Coudre un manchon si nécessaire et ajouter une étiquette.

Rose ROUGE

Les dimensions sont données avec une marge de couture de 0,75 cm incluse, sauf indication contraire.

DIMENSIONS

196 x 196 cm

FOURNITURES

- Nombreuses chutes de tissus clairs imprimés petits motifs faux unis, pour un métrage global de 400 x 110 cm environ : **Tissus A**
- 35 x 110 cm de tissu vert pâle : **Tissu B**
- 80 x 110 cm de tissu vert clair : **Tissu C**
- 60 x 110 cm de tissu vert : **Tissu D**
- 35 x 110 cm de tissu vert foncé : **Tissu E**
- 25 x 110 cm de tissu vert foncé à motifs : **Tissu F**
- 25 x 110 cm de tissu vert mousse : **Tissu G**
- 35 x 110 cm de tissu vert bleu/vert : **Tissu H**
- 10 x 110 cm de tissu vert foncé à motifs plus clairs : **Tissu I**
- 25 x 110 cm de tissu bordeaux : **Tissu J**
- 30 x 110 cm de tissu rouge foncé : **Tissu K**
- 40 x 110 cm de tissu rouge chaud : **Tissu L**
- 35 x 110 cm de tissu orange : **Tissu M**
- 40 x 110 cm de tissu saumon : **Tissu N**
- 25 x 110 cm de tissu saumon à motifs : **Tissu O**
- 25 x 110 cm de tissu rose rouge : **Tissu P**
- 35 x 110 cm de tissu rose saumon clair : **Tissu Q**
- 70 x 110 cm de tissu rouge foncé marbré : **Tissu R**
- 205 x 205 cm de molleton
- 205 x 205 cm de tissu de doublure
- Fil à coudre
- Fil à quilter blanc cassé
- Cotons moulinés à broder dans des coloris verts, saumon, rose et rose foncé
- Aiguille à broder
- 90 pastilles autocollantes de 2 cm de diamètre
- Crayon effaçable à l'eau, crayon à papier
- Colle en aérosol
- Cutter rotatif, règle et plaque de coupe
- Machine à coudre et matériel de couture

Sur les schémas, les chiffres identifient les pièces, et les lettres identifient les tissus. Les chiffres entourés identifient l'ordre des assemblages.

LA MARCHE À SUIVRE

LA COUPE

Dans le tissu R, couper :

• 8 bandes de 3,5 cm de large dans la largeur totale du tissu. Assembler ces bandes bout à bout et recouper dans la longue bande obtenue :

- 2 **bandes 4** de 3,5 x 181,5 cm
- 2 **bandes 5** de 3,5 x 185,5 cm.

• 8 **bandes 6** de 4 cm de large dans la largeur totale du tissu.

LE PANNEAU CENTRAL

Le panneau central est constitué de 90 lignes de 90 **carrés 1** de 3,5 x 3,5 cm.

Travailler par lignes, puis assembler les lignes entre elles, selon les indications suivantes.

Pour chacune des lignes :

• Identifier la ligne sur le diagramme ci-dessous

• Dans les tissus identifiés par la légende des coloris, couper 90 **carrés 1** de 3,5 x 3,5 cm en respectant bien les coloris indiqués

• Positionner les carrés en ligne pour reconstituer les motifs du diagramme

• Assembler les carrés en ligne

• Repérer la ligne réalisée avec une pastille autocollante portant le numéro de la ligne.

① Réaliser le panneau central en assemblant les carrés 1 en lignes, en suivant le diagramme ci-dessous. Puis assembler les lignes entre elles.

Coloris

- A Fond
- B Vert pâle
- C Vert clair
- D Vert
- E Vert foncé
- F Vert foncé à motifs
- G Vert mousse
- H Bleu/vert
- I Vert foncé à motifs plus clairs
- J Bordeaux
- K Rouge foncé
- L Rouge chaud
- M Orange
- N Saumon
- O Saumon à motifs
- P Rose rouge
- Q Rose saumon clair

Une fois toutes les lignes réalisées, les assembler en colonne en veillant bien à alterner l'orientation des marges de couture sous les montages, pour éviter les surépaisseurs et faciliter l'assemblage du top.
Astuce : pour faciliter la réalisation du panneau, photocopier le diagramme en couleur et en l'agrandissant pour pouvoir identifier plus facilement les coloris des carrés et leur positionnement.

LES BORDURES

Dans les **tissus A**, couper, en variant les coloris :
- 365 **rectangles 2** de 3,5 x 5,5 cm
- 4 **carrés 3** de 5,5 x 5,5 cm.

Assembler les pièces selon les indications suivantes pour obtenir 2 **bordures 1** et 2 **bordures 2**.

② Assembler 92 rectangles 2A en ligne, pour obtenir 1 bordure 1.

③ Réaliser 4 bordures 1.

④ Coudre 1 carré 3A de part et d'autre d'1 bordure 1, pour obtenir 1 bordure 2

⑤ Réaliser 2 bordures 2.

L'ASSEMBLAGE

Sélectionner les **bandes 4R** et **5R** et les **bordures 1** et **2** et les assembler autour du panneau central selon les indications suivantes.

Coudre.

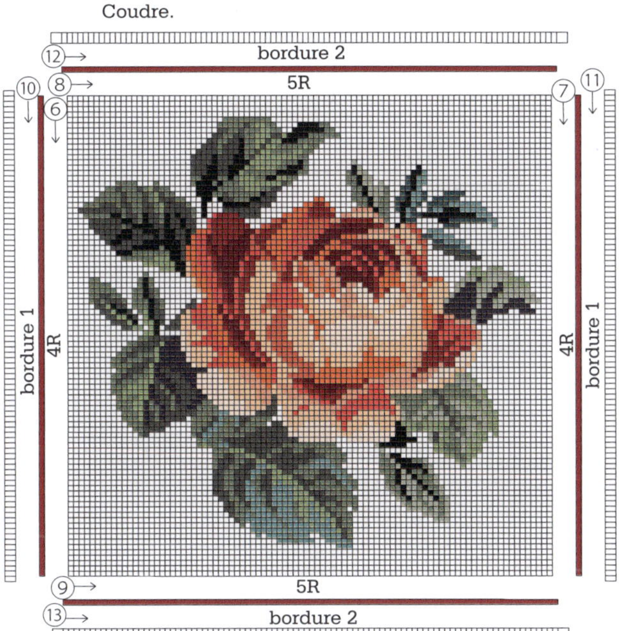

LE MATELASSAGE ET LA BANDE DE FINITION

A l'aide du crayon effaçable à l'eau, reporter les lignes de broderie et de matelassage sur le panneau en s'inspirant de la photo du modèle ou selon son gré.

Placer le top sur le molleton, et fixer avec la colle en aérosol. Commencer par broder les détails en utilisant 3 fils de coton mouliné, selon les indications suivantes :
- Broder les nervures des feuilles au point de tige
- Broder les pétales de la rose au passé plat.

⑭ Broder les détails (3 fils de coton mouliné) en s'inspirant de la photo du modèle pour le choix des coloris des fils.

Placer l'ouvrage sur le tissu de doublure (molleton contre l'envers du tissu de doublure), et fixer avec la colle en aérosol. Matelasser sur les lignes tracées.

Recouper l'excédent de molleton et de tissu de doublure au ras du panneau.

Sélectionner les **bandes 6R** et les assembler entre elles, pour former 1 longue bande. Coudre la bande obtenue autour du panneau en alignant les bords bruts, et en formant des angles en onglet dans les coins. Rabattre cette bande de finition sur l'envers et la coudre à points glissés invisibles. Elle doit mesurer 1 cm environ une fois cousue.

Coudre un manchon si nécessaire et ajouter une étiquette.

Bordures
QUILTÉES

Les dimensions sont données avec une marge de couture de 0,75 cm incluse, sauf indication contraire.

Coussins patch

DIMENSIONS

60 x 60 cm

FOURNITURES

- De nombreuses chutes de tissus imprimés, faux unis et imprimés en bandes : **Tissus A**
- 65 x 110 cm de 2 tissus imprimés : **Tissus B**
- 70 x 140 cm de molleton
- 70 x 140 cm de tissu de propreté (non visible)
- Fil à coudre
- Fils à quilter beige et rouge
- 2 coussins de 60 x 60 cm
- Crayon effaçable à l'eau, crayon à papier
- Colle en aérosol
- Cutter rotatif, règle et plaque de coupe
- Machine à coudre et matériel de couture

Panneau

DIMENSIONS

200 x 200 cm

FOURNITURES

- De nombreuses chutes de tissus imprimés, faux unis et imprimé en bandes : **Tissus A**
- 210 x 110 cm de tissu beige imprimé motifs fleuris en bandes : **Tissu B**
- 210 x 210 cm de molleton
- 210 x 210 cm de tissu de doublure
- Fil à coudre
- Fils à quilter blanc et beige
- Crayon effaçable à l'eau, crayon à papier
- Colle en aérosol
- Cutter rotatif, règle et plaque de coupe
- Machine à coudre et matériel de couture

Coussin médaillon

DIMENSIONS

50 x 90 cm

FOURNITURES

- De nombreuses chutes de tissus imprimés, faux unis et imprimés en bandes : **Tissus A**
- 70 x 110 cm de tissu imprimé : **Tissu B**
- 60 x 100 cm de molleton
- 60 x 100 cm de tissu de propreté (non visible)
- Fil à coudre
- Fils à quilter beige et rouge
- 1 coussin de 50 x 90 cm
- Crayon effaçable à l'eau, crayon à papier
- Colle en aérosol
- Cutter rotatif, règle et plaque de coupe
- Machine à coudre et matériel de couture

Coussins patch

Sur les schémas, les chiffres identifient les pièces, et les lettres identifient les tissus.
Les chiffres entourés identifient l'ordre des assemblages.

LA MARCHE À SUIVRE

REMARQUES PRÉALABLES

Ces 2 housses de coussins sont réalisées avec des chutes de tissu, et il n'est pas possible de les réaliser à l'identique. Utilisez donc toutes vos chutes de tissus, en veillant à conserver une certaine harmonie de couleurs.
La styliste a également utilisé des carrés d'une seule pièce pour concevoir les 2 ouvrages. Faites de même, ou utilisez vos tissus disponibles.
Les blocs et les carrés mesurent 15 x 15 cm finis (soit 16,5 x 16,5 cm - marges de couture incluses).

LA COUPE

Dans chacun des tissus B, couper :
• 2 **rectangles 2** de 45 x 61,5 cm.

Dans le molleton et dans le tissu de propreté, couper :
• 2 **carrés 3** de 70 x 70 cm.

LES BLOCS 1 ET 2

Réaliser des **blocs 1** et **2** selon les indications données pour le quilt, en utilisant les tissus disponibles.
Une des housses de coussin est réalisée dans les tonalités de rouges, l'autre housse est réalisée dans des tonalités de beiges.

LE DESSUS DE LA HOUSSE « ROUGE »

Sélectionner les **blocs 1** et **2** réalisés et compléter par des carrés coupés d'une seule pièce de dimensions 16,5 x 16,5 cm.

Positionner les blocs et les pièces coupées pour obtenir un assemblage harmonieux, tant dans les coloris des tissus, que dans la disposition des pièces et des blocs.
Une fois la composition satisfaisante, assembler selon les indications suivantes.

① Assembler les blocs et les carrés en lignes, puis assembler les lignes entre elles.

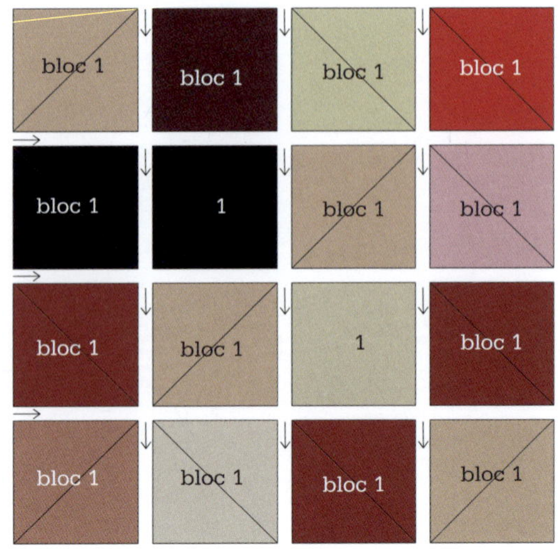

COUSSIN « ROUGE »

LE DESSUS DE LA HOUSSE « BEIGE »

Sélectionner les **blocs 1** et **2** réalisés et compléter par des carrés coupés d'une seule pièce de dimensions 16,5 x 16,5 cm.

Positionner les blocs et les pièces coupées pour obtenir un assemblage harmonieux, tant dans les coloris des tissus, que dans la disposition des pièces et des blocs.
Une fois la composition satisfaisante, assembler selon les indications suivantes.

② Assembler les blocs et les carrés en lignes, puis assembler les lignes entre elles.

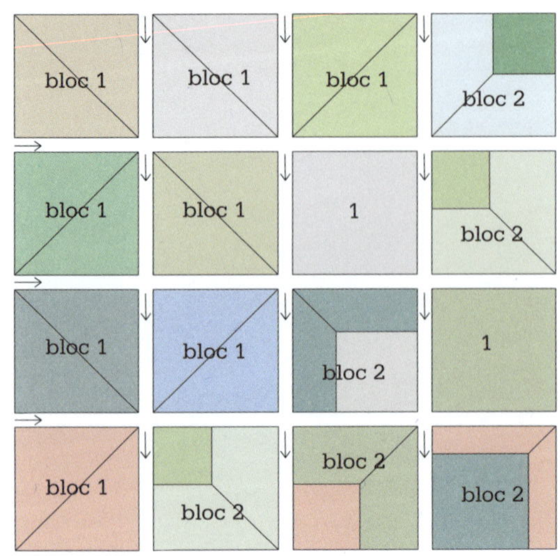

COUSSIN « BEIGE »

LE MATELASSAGE

À l'aide du crayon effaçable à l'eau, reporter les lignes de matelassage sur 1 des panneaux en s'inspirant de la photo du modèle ou selon son gré.

Superposer 1 **carré 3** de tissu de propreté et le panneau, envers contre envers, en insérant 1 **carré 3** de molleton entre les 2 épaisseurs de tissu, et fixer avec la colle en aérosol. Matelasser sur les lignes tracées. Recouper l'excédent de molleton et de tissu de propreté au ras du panneau.

De la même façon, matelasser le second panneau.

LES DOS DES HOUSSES DE COUSSIN

Sélectionner **2 rectangles 2B coupés dans 1 même tissu B** et réaliser le dos de la housse selon les explications page 15.
De la même façon, réaliser le dos du second coussin avec les 2 **rectangles 2B** restants.

L'ASSEMBLAGE

Se reporter aux explications page 15.

Panneau

Sur les schémas, les chiffres identifient les pièces, et les lettres identifient les tissus. Les chiffres entourés identifient l'ordre des assemblages.

LA MARCHE À SUIVRE

REMARQUES PRÉALABLES

Ce panneau est réalisé avec des chutes de tissu, et il n'est pas possible de le réaliser à l'identique. Utilisez donc toutes vos chutes de tissus, en veillant à conserver une certaine harmonie de couleurs.
La styliste a également utilisé des médaillons imprimés, des carrés et rectangles d'une seule pièce pour concevoir l'ouvrage. Faites de même, ou utilisez vos tissus disponibles.
Les blocs mesurent 15 x 15 cm finis (soit 16,5 x 16,5 cm - marges de couture incluses).
Les médaillons mesurent 30 x 30 cm finis (soit 31,5 x 31,5 cm - marges de couture incluses).
Les rectangles mesurent 15 x 30 cm finis (soit 16,5 x 31,5 cm - marges de couture incluses).

LES BLOCS 1

Sélectionner 1 tissu imprimé en bandes et couper 2 triangles selon les indications suivantes.

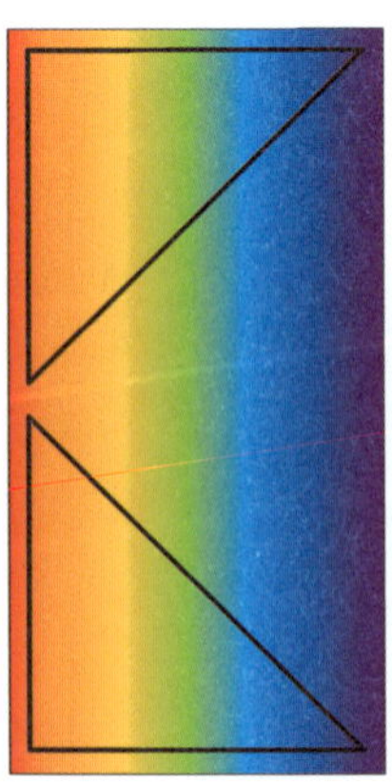

①
Dans le tissu imprimé en bandes, couper 2 triangles rectangles de 17,6 cm de côté en contrariant l'orientation des motifs imprimés.

Assembler les 2 triangles obtenus, pour réaliser 1 **bloc 1**.

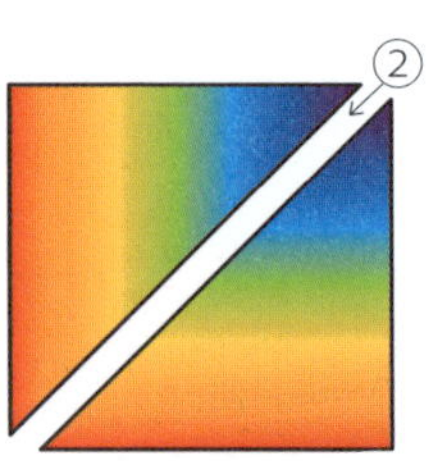

Coudre les 2 triangles pour former 1 carré symétrique dans la diagonale.

bloc 1

LES BLOCS 2

Sélectionner 1 tissu imprimé et 1 tissu imprimé en bandes. Dans les tissus, couper les pièces selon les indications suivantes.

③
Dans un tissu imprimé couper 1 carré de 9 x 9 cm.

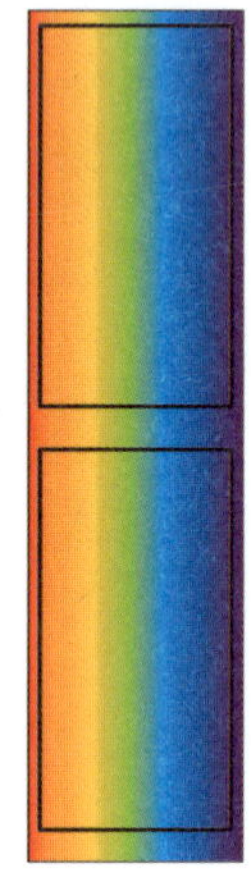

④
Dans le tissu imprimé en bandes, couper 2 rectangles de 9 x 20 cm

Remarque : les rectangles sont coupés plus grands que nécessaire pour faciliter la réalisation de l'angle à 45°.

Assembler le carré et 1 rectangle selon les indications suivantes.

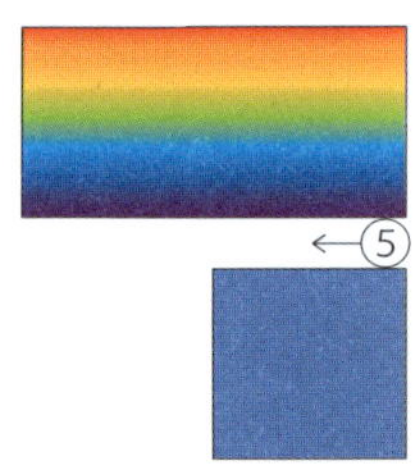

Coudre 1 rectangle rayé sur le haut du carré, sans coudre les marges de couture à l'extrémité finale de la couture.

Assembler le second rectangle selon les indications suivantes, en veillant à bien orienter les motifs imprimés pour obtenir 1 symétrie dans la diagonale.

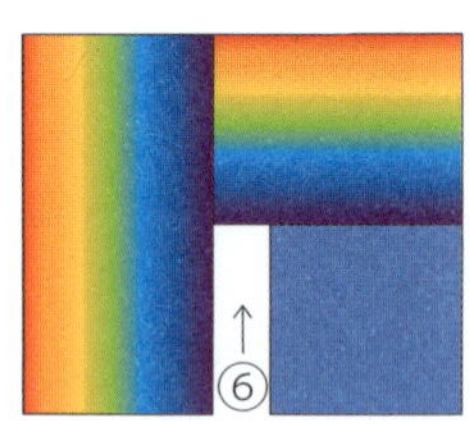

⑦
Coudre 1 rectangle rayé sur le côté du carré, sans coudre les marges de couture à l'extrémité finale de la couture.

Finaliser le **bloc 2** selon les indications suivantes.

⑧
Réaliser un angle à 45° dans le coin haut gauche de l'assemblage. Sous l'ouvrage, recouper le surplus de tissu rayé en conservant une marge de couture de 0,75 cm.

bloc 2

LE PANNEAU

Réaliser différents blocs selon les 2 techniques présentées précédemment pour les **blocs 1** et **2**.
Dans les chutes de tissus disponibles, couper également des **carrés 1** de 16,5 x 16,5 cm, des **carrés 2** de 31,5 x 31,5 cm et des **rectangles 3** de 16,5 x 31,5 cm.

Pour réaliser le panneau central, il faut obtenir 100 **blocs 1** ou **2** ou **carrés 1**.
1 **carré 2** « remplace » 4 **blocs** et 1 **rectangle 3** « remplace » 2 **blocs**.

Positionner les blocs et les pièces coupées pour obtenir un assemblage harmonieux, tant dans les coloris des tissus, que dans la disposition des pièces et des blocs. Une fois la composition satisfaisante, assembler selon les indications suivantes.

⑨ Assembler les blocs, les carrés et les rectangles en lignes, puis assembler les lignes entre elles.

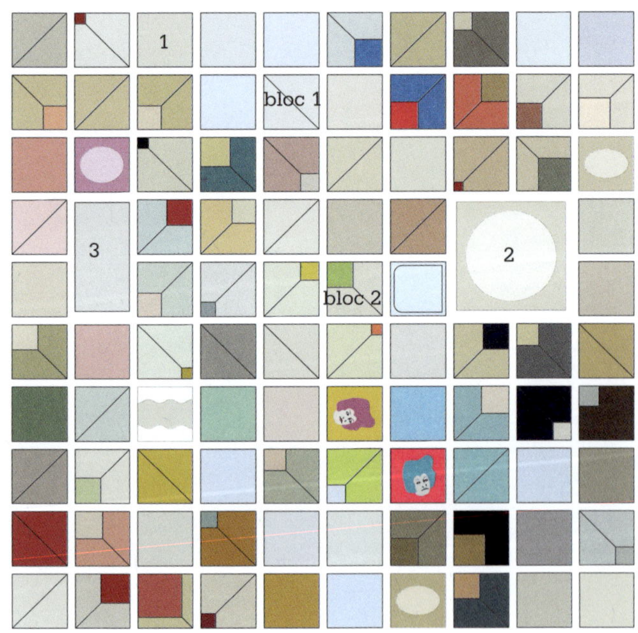

Les autres **blocs 2** sont réalisés selon la même technique, mais les dimensions des pièces varient selon les indications suivantes :

- Commencer par couper le carré dans 1 tissu disponible
- Mesurer le carré et ôter 1,5 cm (marges de couture) pour obtenir la dimension X du carré fini
- Dans un tissu rayé, couper 1 bande de largeur correspondant à 16,5 cm (largeur du bloc - marges de couture incluses) moins (-) la dimension X du carré coupé précédemment. La longueur de la bande coupée doit être de 40 cm environ pour pouvoir y couper les 2 rectangles.

LES BORDURES

Sélectionner le **tissu B** et couper 4 **bandes 4** de 25,5 cm de large dans la longueur totale du tissu, en positionnant le même motif imprimé sur chacune des bandes.
Coudre ces bandes autour du panneau selon les indications suivantes.

Coudre en alignant les milieux.

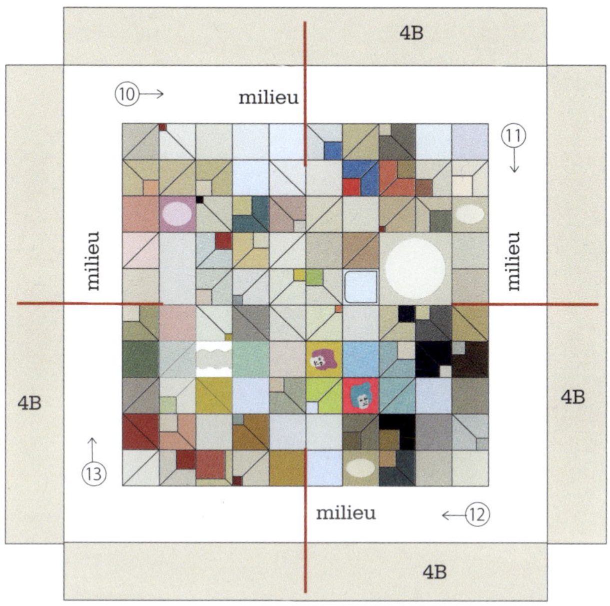

⑭ Finaliser les coins en réalisant des angles à 45°.

Une fois l'assemblage réalisé, recouper le surplus de **tissu B** dans les angles, sous l'ouvrage en conservant une marge de couture.

LE MATELASSAGE ET LA BANDE DE FINITION

À l'aide du crayon effaçable à l'eau, reporter les lignes de matelassage sur le panneau en s'inspirant de la photo du modèle ou selon son gré.

Superposer le tissu de doublure et le panneau, envers contre envers, en insérant le molleton entre les 2 épaisseurs de tissu, et fixer avec la colle en aérosol.
Matelasser sur les lignes tracées.

Recouper l'excédent de molleton et de tissu de doublure au ras du panneau.
Dans les chutes de **tissus A**, couper des bandes de 4 cm de large et de longueur variable et les assembler bout à bout pour obtenir 1 longue bande de 820 cm environ.
Coudre la longue bande obtenue autour du panneau en alignant les bords bruts, et en formant des angles en onglet dans les coins. Rabattre cette bande de finition sur l'envers et la coudre à points glissés invisibles.
Elle doit mesurer 1 cm environ une fois cousue.
Coudre un manchon si nécessaire et ajouter une étiquette.

Coussin médaillon

Sur les schémas, les chiffres identifient les pièces, et les lettres identifient les tissus. Les chiffres entourés identifient l'ordre des assemblages.

LA MARCHE À SUIVRE

LA COUPE

Dans les tissus A, couper :

- 1 **carré 1** de 29,5 x 29,5 en centrant un médaillon imprimé sur la pièce (1 tissu)
- 1 **bande 2** de 7 x 29,5 cm (1 tissu)
- 1 **bande 3** de 9,5 x 35 cm (1 tissu)
- 1 **bande 4** de 5,5 x 35 cm (1 tissu)
- 1 **bande 5** de 4,5 x 41,5 cm (1 tissu)
- 1 **bande 6** de 4,5 x 41,5 cm (1 tissu)
- 1 **bande 7** de 12 x 41,5 cm (1 tissu)
- 1 **rectangle 8** de 23,5 x 28,5 cm (1 tissu)
- 1 **rectangle 9** de 23,5 x 24,5 cm (1 tissu)
- 1 **rectangle 10** de 10,5 x 16,5 cm (1 tissu)
- 1 **carré 11** de 16,5 x 16,5 cm (1 tissu)
- 1 **rectangle 12** de 16,5 x 27,5 cm (1 tissu)
- 1 **bande 13** de 6,5 x 51,5 cm (1 tissu)
- 1 **bande 14** de 9,5 x 51,5 cm (1 tissu).

Dans le tissu B, couper :

- 2 **rectangles 15** de 51,5 x 65 cm.

LE DESSUS DE LA HOUSSE

Sélectionner les **pièces 1** à **7** coupées dans les **tissus A** et les assembler selon les indications suivantes pour former le **bloc 1**.

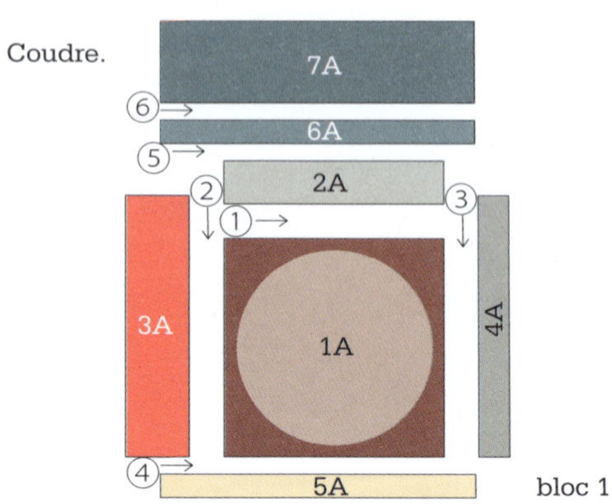

Sélectionner les **pièces 8** à **12** coupées dans les **tissus A** et les assembler selon les indications suivantes pour former les **blocs 2** et **3**.

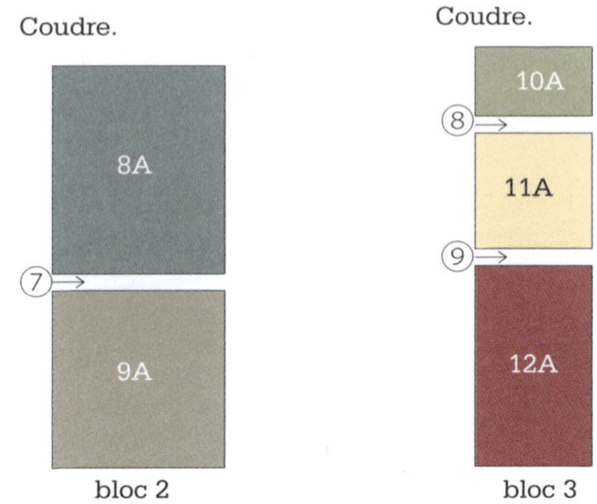

Sélectionner les 3 blocs et les **pièces 13** et **14** coupées dans les **tissus A**, et les assembler selon les indications suivantes pour former le dessus de la housse.

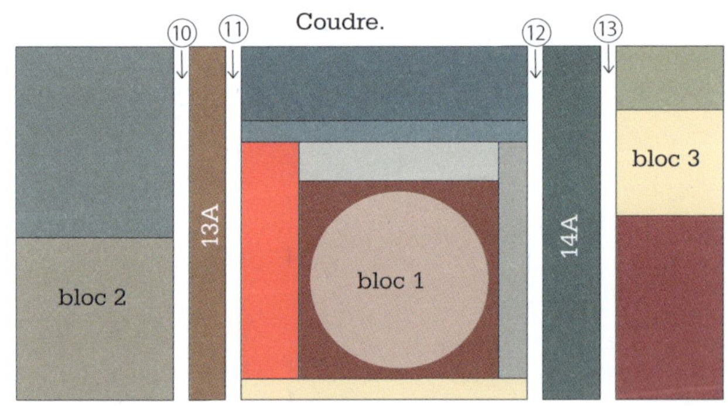

LE MATELASSAGE

À l'aide du crayon effaçable à l'eau, reporter les lignes de matelassage sur le panneau en s'inspirant de la photo du modèle ou selon son gré.
Superposer le tissu de propreté et le panneau, envers contre envers, en insérant le molleton entre les 2 épaisseurs de tissu, et fixer avec la colle en aérosol.
Matelasser sur les lignes tracées. Recouper l'excédent de molleton et de tissu de propreté au ras du panneau.

LES DOS DES HOUSSES DE COUSSIN

Sélectionner **2 rectangles 15B** et réaliser un ourlet sur un des bords courts de chacun des rectangles, selon les indications suivantes.

⑭ Replier 2 fois 1 cm (sur l'envers) sur un des bords courts du rectangle 15B, pour former un ourlet et repasser.

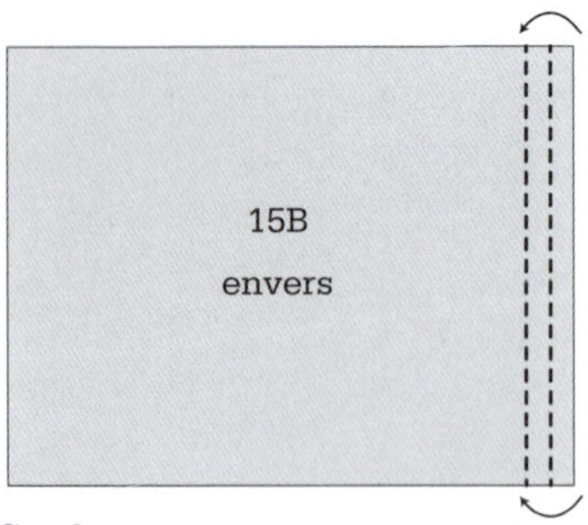

⑮ Coudre.

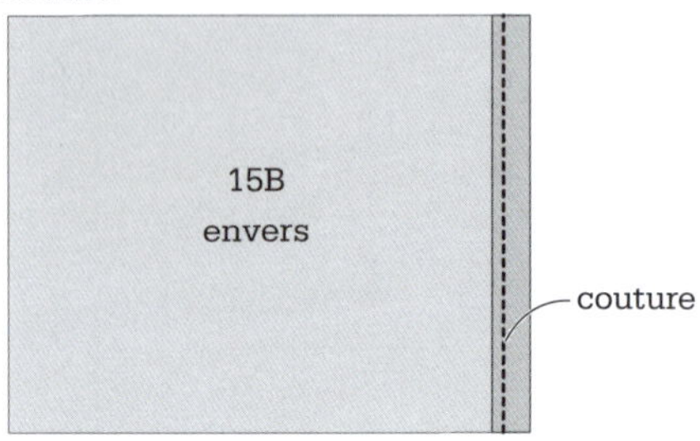

⑯ De la même façon, réaliser un ourlet sur l'autre rectangle 15B.

Préparer le dos de la housse en superposant les 2 **rectangles 15B**, selon les indications suivantes.

⑰ Positionner les 2 pièces, envers vers soi en les superposant pour obtenir 1 rectangle de 51,5 x 91,5 cm. Épingler.

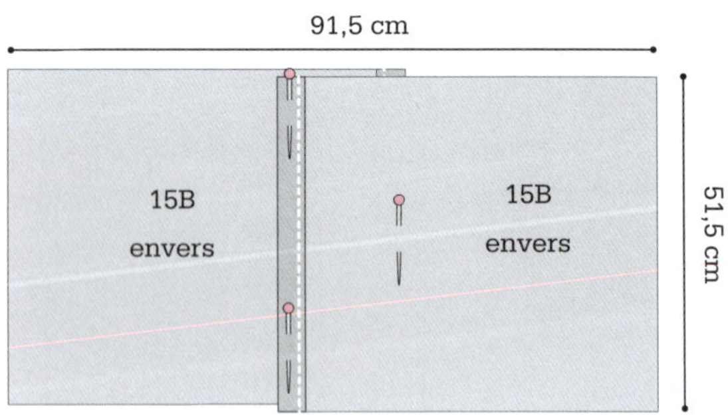

Astuces :

- *Il est possible d'ajouter 2 boutons et des boutonnières en vis-à-vis, ou de fixer des rubans en guise de liens, pour fermer le dos du coussin.*
- *Le dos de la housse de coussin peut également être réalisé en assemblant des chutes de tissus jusqu'à obtenir 2 rectangles de 51,5 x 65 cm.*

L'ASSEMBLAGE

Superposer le devant et le dos de la housse de coussin, endroit contre endroit, en alignant les bords bruts et épingler. Coudre tout autour de l'assemblage. Dégarnir les angles et surfiler les marges de couture au point zigzag, afin d'éviter tout effilochage.

Retourner l'ouvrage sur l'endroit et bien mettre en forme en faisant ressortir les angles.

Glisser le coussin dans la housse ainsi obtenue.

Hexagon SAMPLER

Les dimensions sont données avec une marge de couture de 0,75 cm incluse, sauf indication contraire.
Les gabarits sont donnés sans marge de couture.

DIMENSIONS

140 x 160 cm environ

FOURNITURES

- 25 x 55 cm de 30 tissus imprimés de coloris assortis et 50 x 110 cm de 6 tissus imprimés faux uni de coloris assortis : **Tissus A**
- 20 x 140 cm de tissu bordeaux imprimé grandes fleurs : **Tissu B**
- 20 x 140 cm de tissu vert imprimé grandes fleurs : **Tissu C**
- 30 x 140 cm de tissu jaune imprimé faux uni : **Tissu D**
- 30 x 110 cm de tissu beige imprimé faux uni : **Tissu E**
- 150 x 160 cm de molleton
- 150 x 160 cm de tissu de doublure
- Fil à coudre
- Fil à quilter blanc
- Rhodoïd pour gabarits et feutre fin permanent
- Bristol fin
- Papier pour photocopie (ou calque fin)
- Crayon effaçable à l'eau, crayon à papier
- Colle en aérosol
- Cutter rotatif, règle et plaque de coupe
- Machine à coudre et matériel de couture

Gabarits encarts A et B

Sur les schémas et sur les gabarits, les chiffres identifient les pièces, et les lettres identifient les tissus. Les chiffres entourés identifient l'ordre des assemblages.

LA MARCHE À SUIVRE

LES GABARITS

Reporter le contour des **pièces 1** à **6** (**gabarits**) sur le Rhodoïd avec le feutre fin permanent.
Ajouter une marge de couture de 0,75 cm tout autour des pièces et les découper sur les traits extérieurs.

LA COUPE

Dans les tissus A, couper, en variant les coloris des tissus :

- 22 **hexagones 1**
- 87 **triangles 5.**

Dans le tissu B, couper :

- 3 **pièces 2**
- 6 **triangles 3**
- 1 **triangle 4 et 1 triangle 4 inversé**
- 1 **bande 5** de 5,5 x 112,5 cm
- 4 **pièces 6**.

Dans le tissu C, couper :

- 3 **pièces 2**
- 6 **triangles 3**
- 1 **triangle 4 et 1 triangle 4 inversé**
- 1 **bande 5** de 5,5 x 112,5 cm.

Dans le tissu D, couper :

- 2 **bandes 7** de 6 x 117 cm
- 2 **bandes 8** de 6 x 137 cm.

Dans le tissu E, couper :

- 6 **bandes 9** de 4 cm de large dans la largeur totale du tissu.

Remarque préalable : pour faciliter la réalisation des blocs 1 à 26, les techniques proposées dans les explications sont basées sur des assemblages en couture sur support ou des assemblages à l'anglaise. La styliste a, quant à elle, réalisé les blocs selon l'assemblage traditionnel qui nécessite une grande précision lors de la réalisation des coutures. Vous pouvez choisir la méthode qu'il vous convient en fonction de votre maîtrise technique.

LE BLOC 1

Il est réalisé selon la technique de l'assemblage à l'anglaise.

Relever les gabarits des pièces sur le Rhodoïd, reporter et couper les gabarits dans le Bristol fin sans ajouter de marge.
Sélectionner 5 tissus parmi les **tissus A** et couper les pièces nécessaires à la réalisation du bloc en ajoutant une marge de 0,75 cm tout autour des pièces.
Préparer les pièces appliquées selon la technique de l'appliqué traditionnel en bâtissant les marges de couture repliées sous le tissu.
Sélectionner **l'hexagone 1** et le gabarit en Bristol fin correspondant. Préparer la pièce selon les indications suivantes.

① Replier la marge de tissu sur le gabarit en Bristol et bâtir pour maintenir le repli sur l'envers de la pièce.

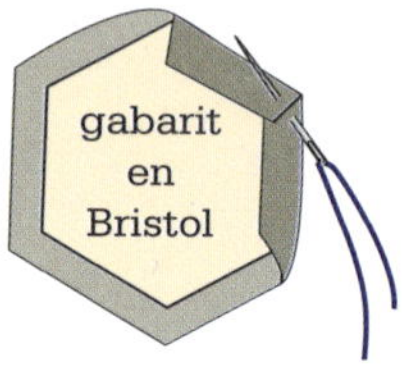

② La pièce est terminée et prête à être assemblée selon la technique de la couture à l'anglaise.

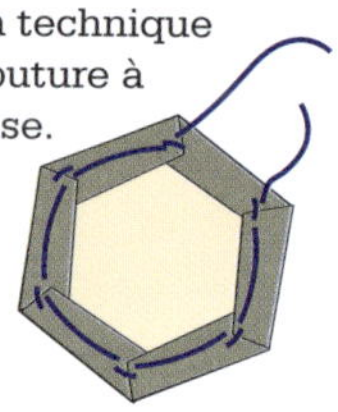

De la même façon, préparer les autres pièces avec les gabarits en Bristol correspondants. Assembler les pièces selon les indications suivantes pour obtenir le **bloc 1**.

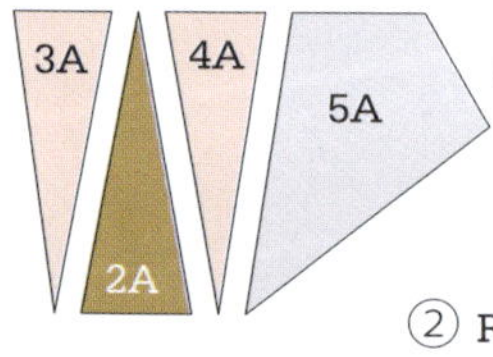

① Coudre les pièces au point de surjet serré selon la technique de l'assemblage à l'anglaise.

② Réaliser 6 assemblages.

③ Coudre les assemblages autour de l'hexagone central 1A, puis coudre les assemblages entre eux.

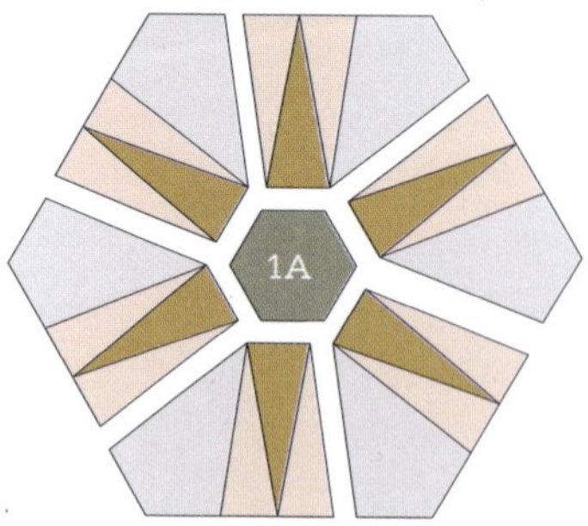

④ Ôter les gabarits en Bristol sous l'ouvrage. Repasser le bloc en ouvrant les marges de couture tout autour.

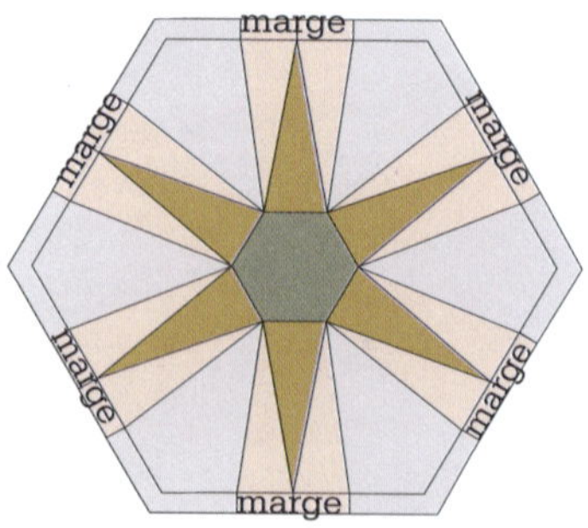

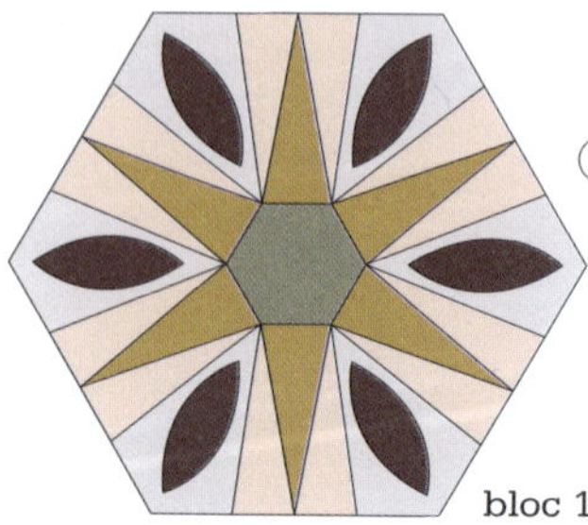

⑤ Appliquer les pièces selon la technique de l'appliqué traditionnel.

bloc 1

A

LE BLOC 2

Il est réalisé selon la technique de l'assemblage à l'anglaise.

Relever les gabarits des pièces sur le Rhodoïd, reporter et couper les gabarits dans le Bristol fin sans ajouter de marge.

Sélectionner 5 tissus parmi les **tissus A** et couper les pièces nécessaires à la réalisation du bloc en ajoutant une marge de 0,75 cm tout autour des pièces.

De la même façon que pour le **bloc 1**, préparer les pièces avec les gabarits en Bristol correspondants. Assembler les pièces selon les indications suivantes pour obtenir le **bloc 2**.

① Coudre les pièces au point de surjet serré selon la technique de l'assemblage à l'anglaise.

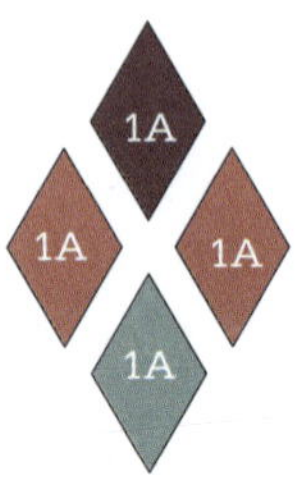

② Réaliser 6 assemblages.

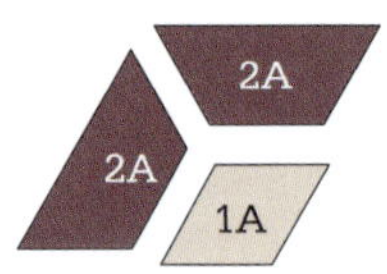

③ Réaliser 6 assemblages.

④ Coudre les assemblages au point de surjet serré.

⑤ Coudre les assemblages au point de surjet serré.

bloc 2

⑥ Ôter les gabarits en Bristol sous l'ouvrage. Repasser le bloc en ouvrant les marges de couture tout autour.

LE BLOC 3

Il est réalisé selon la technique de l'assemblage à l'anglaise.

Relever les gabarits des pièces sur le Rhodoïd, reporter et couper les gabarits dans le Bristol fin sans ajouter de marge.

Sélectionner 13 tissus parmi les **tissus A** et couper les pièces nécessaires à la réalisation du bloc en ajoutant une marge de 0,75 cm tout autour des pièces.

De la même façon que pour le **bloc 1**, préparer les **pièces 2** avec les gabarits en Bristol correspondants. Préparer le cercle central selon les indications suivantes.

① Réaliser un point avant tout autour du cercle de tissu. Placer le gabarit en Bristol sur l'envers du tissu.

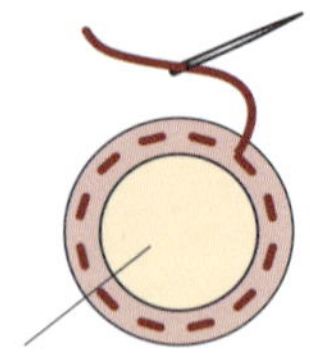

② Tirer sur le fil pour former des fronces, en emprisonnant le gabarit en Bristol.

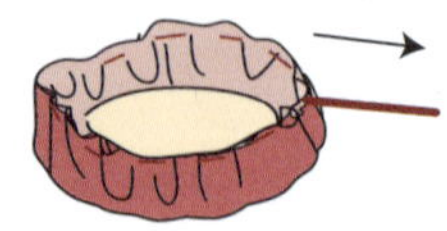

③ Repasser pour fixer le rentré sous la pièce. Ôter le gabarit en Bristol sous le tissu en veillant à ne pas déformer le cercle.

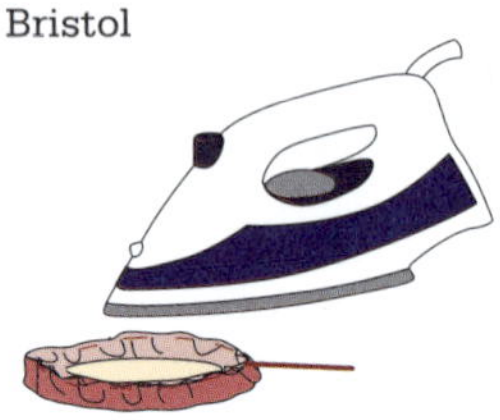

④ Le cercle de tissu est prêt à être appliqué selon la technique de l'appliqué traditionnel.

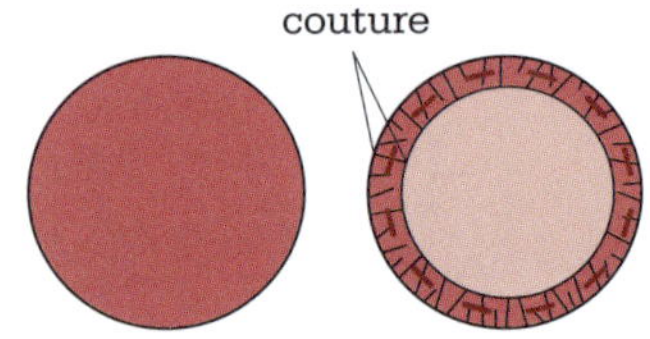

Assembler les pièces selon les indications suivantes pour obtenir le **bloc 3**.

① Coudre les pièces 2 au point de surjet serré selon la technique de l'assemblage à l'anglaise.

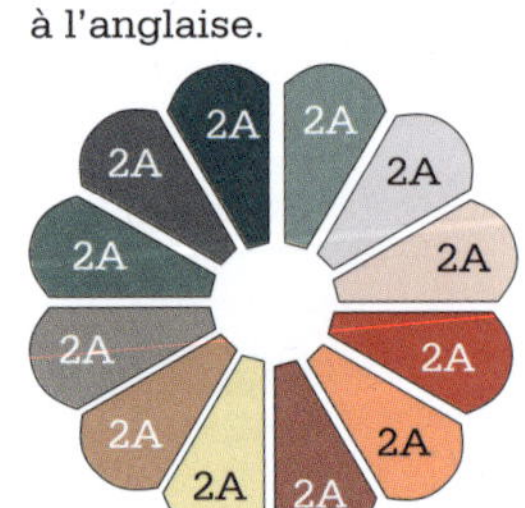

② Ôter les gabarits en Bristol sous l'ouvrage. Repasser le bloc en conservant les marges sous l'assemblage.

③ Appliquer l'assemblage sur son contour extérieur selon la technique de l'appliqué traditionnel.

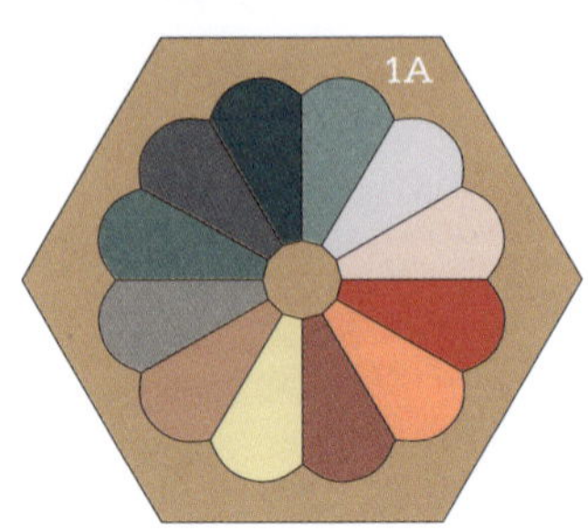

④ Appliquer le cercle central selon la technique de l'appliqué traditionnel.

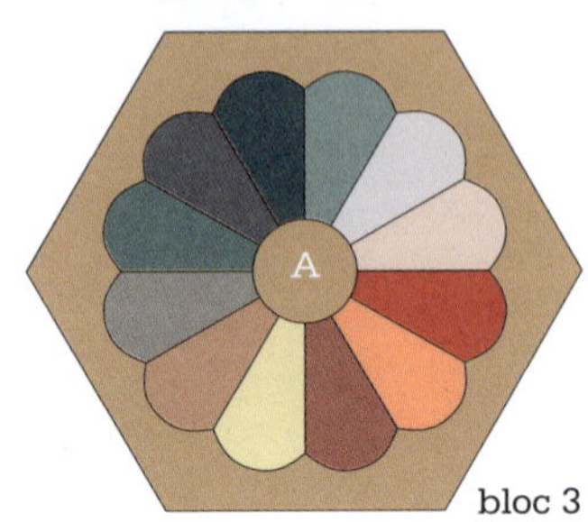

bloc 3

LE BLOC 4

Il est réalisé selon la technique de la couture sur support.
Photocopier 7 fois le **bloc 4** (**gabarit**).
Découper une des photocopies sur les lignes pour obtenir les gabarits des pièces.
Sélectionner 5 tissus parmi les **tissus A** et couper les pièces nécessaires à la réalisation du bloc en ajoutant une marge de 0,75 cm tout autour des pièces.

Assembler les pièces selon les indications suivantes pour obtenir le **bloc 4**.

① Réaliser 6 blocs selon la technique de la couture sur papier en veillant à bien positionner les coloris des tissus.

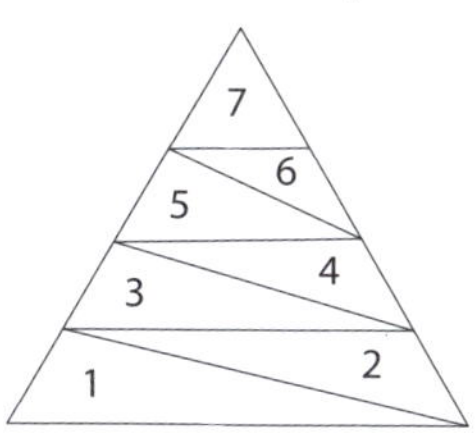

gabarit pour couture sur support
envers du bloc

endroit du bloc

② Repasser les blocs en veillant à ne pas les déformer, recouper le surplus de tissu autour des blocs en ajoutant une marge de couture de 0,75 cm.

③ Coudre les 6 blocs obtenus en veillant à bien les orienter.

④ Ôter le papier de support sous l'assemblage en le déchirant le long des coutures.

bloc 4

LE BLOC 5

Il est réalisé selon la technique de la couture sur support.
Photocopier 7 fois le **bloc 5** (gabarit).
Découper une des photocopies sur les lignes pour obtenir les gabarits des pièces.

Sélectionner 5 tissus parmi les **tissus A** et couper les pièces nécessaires à la réalisation du bloc en ajoutant une marge de 0,75 cm tout autour des pièces.

Assembler les pièces selon les indications suivantes pour obtenir le **bloc 5**.

① Réaliser 6 blocs selon la technique de la couture sur papier en veillant à bien positionner les coloris des tissus.

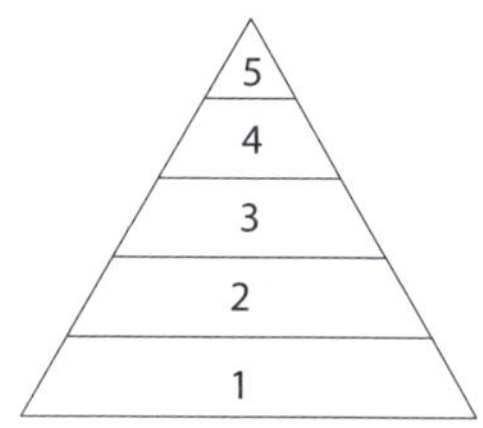

gabarit pour couture sur support
envers du bloc

endroit du bloc

② Repasser les blocs en veillant à ne pas les déformer, recouper le surplus de tissu autour des blocs en ajoutant une marge de couture de 0,75 cm.

③ Coudre les 6 blocs obtenus en veillant à bien les orienter.

④ Ôter le papier de support sous l'assemblage en le déchirant le long des coutures.

bloc 5

LE BLOC 6

Il est réalisé selon la technique de l'assemblage à l'anglaise.
Relever les gabarits de toutes les pièces sur le Rhodoïd.
Reporter et couper les gabarits des **pièces 1** et **2** dans le Bristol fin sans ajouter de marge.

Sélectionner 9 tissus parmi les **tissus A** et couper les pièces nécessaires à la réalisation du bloc en ajoutant une marge de 0,75 cm tout autour des pièces.

De la même façon que pour le **bloc 1**, préparer les **pièces 1** et **2** avec les gabarits en Bristol correspondants.

Préparer les pièces appliquées selon la technique de l'appliqué traditionnel en bâtissant les marges de couture repliées sous le tissu.
Assembler les pièces selon les indications suivantes pour obtenir le **bloc 6**.

① Coudre les pièces 1 et 2 au point de surjet serré selon la technique de l'assemblage à l'anglaise.

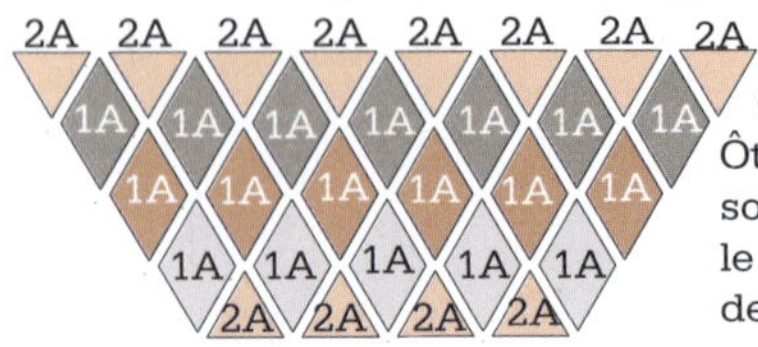

② Ôter les gabarits en Bristol sous l'ouvrage. Repasser le bloc en ouvrant les marges de couture tout autour.

Coudre.

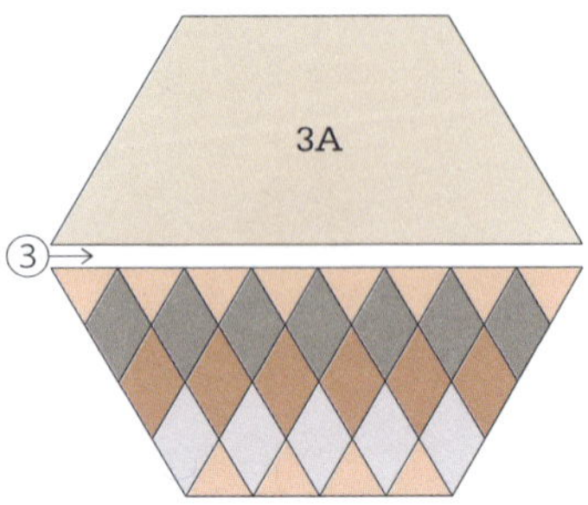

④ Appliquer les pièces selon la technique de l'appliqué traditionnel.

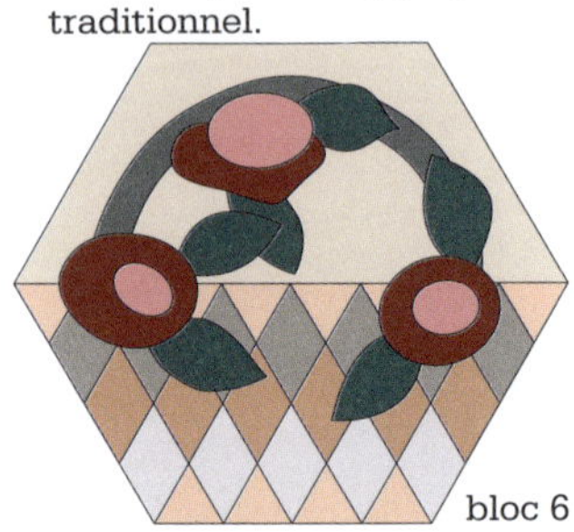

bloc 6

LE BLOC 7

Il est réalisé selon la technique de l'appliqué traditionnel.
Relever les gabarits de toutes les pièces sur le Rhodoïd.
Sélectionner 4 tissus parmi les **tissus A** et couper les pièces nécessaires à la réalisation du bloc en ajoutant une marge de 0,75 cm tout autour des pièces.
Préparer les pièces appliquées selon la technique de l'appliqué traditionnel en bâtissant les marges de couture repliées sous le tissu.
Préparer les cercles appliqués selon les indications données pour le **bloc 3**.

Assembler les pièces selon les indications suivantes pour obtenir le **bloc 7**.

① Appliquer le cercle selon la technique de l'appliqué traditionnel, en le centrant.

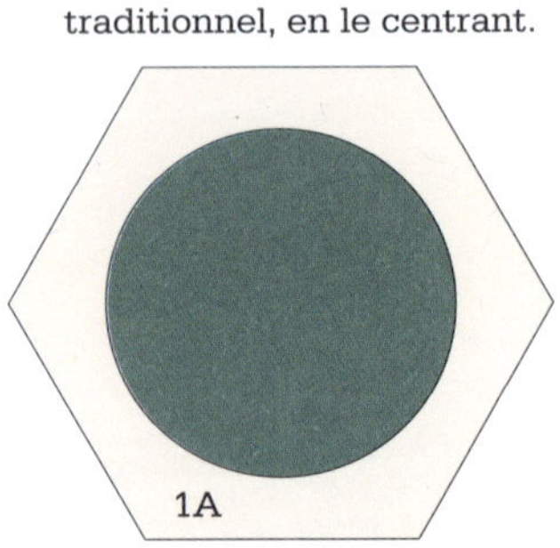

② Appliquer les « pétales » selon la technique de l'appliqué traditionnel.

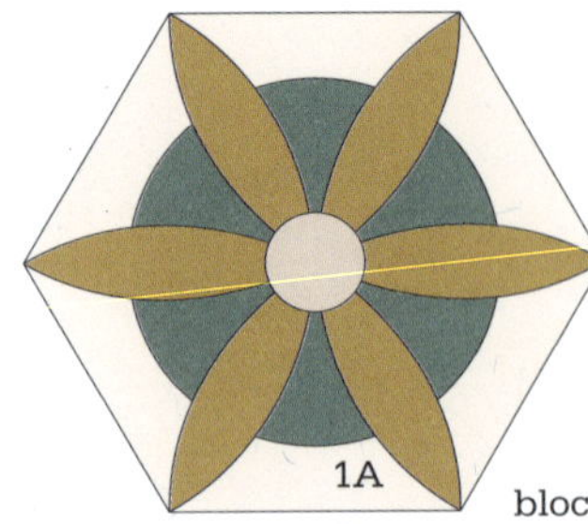

bloc 7

③ Appliquer le cercle central selon la technique de l'appliqué traditionnel.

LE BLOC 8

Il est réalisé selon la technique de l'assemblage à l'anglaise.
Relever les gabarits de toutes les pièces sur le Rhodoïd.
Reporter et couper les gabarits des **pièces** dans le Bristol fin sans ajouter de marge.

Sélectionner 5 tissus parmi les **tissus A** et couper les pièces nécessaires à la réalisation du bloc en ajoutant une marge de 0,75 cm tout autour des pièces.

De la même façon que pour le **bloc 1**, préparer les **pièces** avec les gabarits en Bristol correspondants.

Assembler les pièces selon les indications suivantes pour obtenir le **bloc 8**.

① Coudre les pièces au point de surjet serré selon la technique de l'assemblage à l'anglaise.

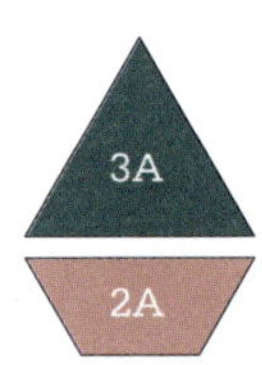

② Réaliser 6 assemblages.

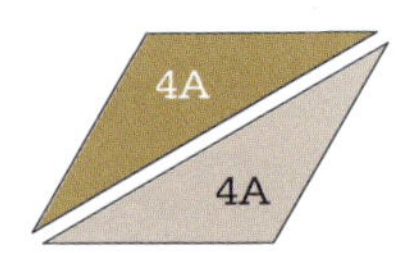

③ Réaliser 6 assemblages.

④ Coudre les assemblages au point de surjet serré autour de la pièce 1.

⑤ Coudre les assemblages au point de surjet serré.

bloc 8

⑥ Ôter les gabarits en Bristol sous l'ouvrage. Repasser le bloc en ouvrant les marges de couture tout autour.

LE BLOC 9

Il est réalisé selon la technique de la couture sur support.

Photocopier 7 fois le **bloc 9** (gabarit).

Découper une des photocopies sur les lignes pour obtenir les gabarits des pièces.

Sélectionner 5 tissus parmi les **tissus A** et couper les pièces nécessaires à la réalisation du bloc en ajoutant une marge de 0,75 cm tout autour des pièces.

Assembler les pièces selon les indications suivantes pour obtenir le **bloc 9**.

① Réaliser 6 blocs selon la technique de la couture sur papier en veillant à bien positionner les coloris des tissus.

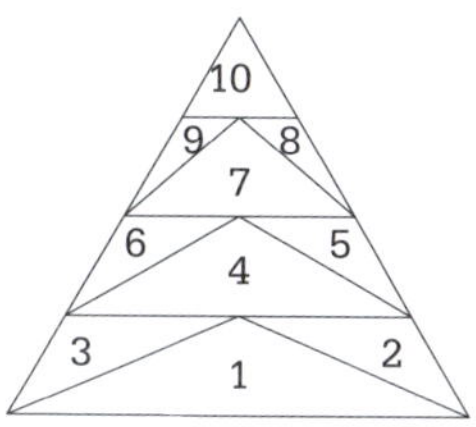

gabarit pour couture sur support envers du bloc

endroit du bloc

② Repasser les blocs en veillant à ne pas les déformer, recouper le surplus de tissu autour des blocs en ajoutant une marge de couture de 0,75 cm.

③ Coudre les 6 blocs obtenus en veillant à bien les orienter.

④ Ôter le papier de support sous l'assemblage en le déchirant le long des coutures.

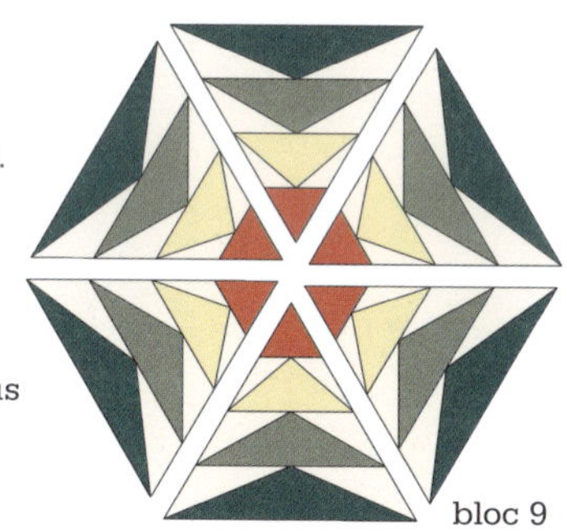

bloc 9

LE BLOC 10

Il est réalisé selon la technique de l'assemblage à l'anglaise.

Relever les gabarits de toutes les pièces sur le Rhodoïd.

Reporter et couper les gabarits des **pièces** dans le Bristol fin sans ajouter de marge.

Sélectionner 4 tissus parmi les **tissus A** et couper les pièces nécessaires à la réalisation du bloc en ajoutant une marge de 0,75 cm tout autour des pièces.

De la même façon que pour le **bloc 1**, préparer les **pièces** avec les gabarits en Bristol correspondants.

Assembler les pièces selon les indications suivantes pour obtenir le **bloc 10**.

① Coudre les pièces au point de surjet serré selon la technique de l'assemblage à l'anglaise.

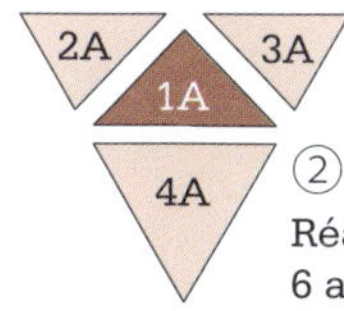

② Réaliser 6 assemblages.

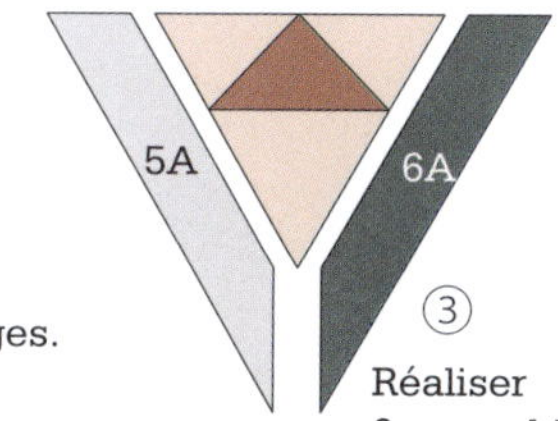

③ Réaliser 6 assemblages.

④ Coudre les assemblages au point de surjet serré.

⑤ Ôter les gabarits en Bristol sous l'ouvrage. Repasser le bloc en ouvrant les marges de couture tout autour.

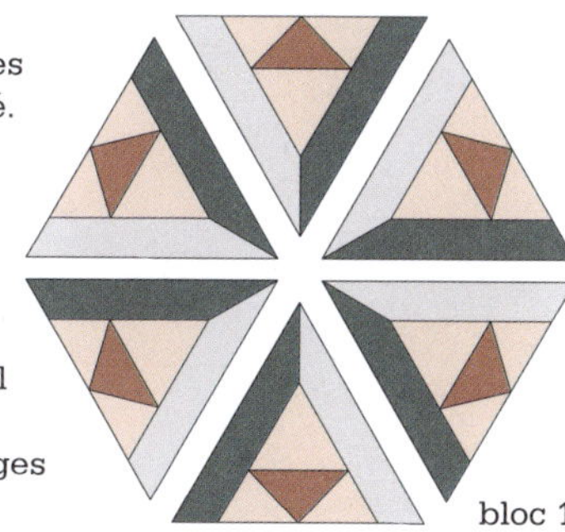

bloc 10

LE BLOC 11

Il est réalisé selon la technique de l'appliqué traditionnel.

Relever les gabarits de toutes les pièces sur le Rhodoïd.

Sélectionner 6 tissus parmi les **tissus A** et couper les pièces nécessaires à la réalisation du bloc en ajoutant une marge de 0,75 cm tout autour des pièces.

Préparer les pièces appliquées selon la technique de l'appliqué traditionnel en bâtissant les marges de couture repliées sous le tissu.

Poser le dessin du **bloc 11** (**encart**) sur une table lumineuse. Poser l'**hexagone 1A** sur le dessin (endroit vers soi) en centrant les motifs. Reporter les emplacements des appliqués à l'aide du crayon effaçable à l'eau.

Astuce : sans table lumineuse, reporter les motifs en fixant le dessin contre une fenêtre.

Assembler les pièces selon les indications suivantes pour obtenir le **bloc 11**.

① Reporter les emplacements des appliqués sur l'hexagone 1A.

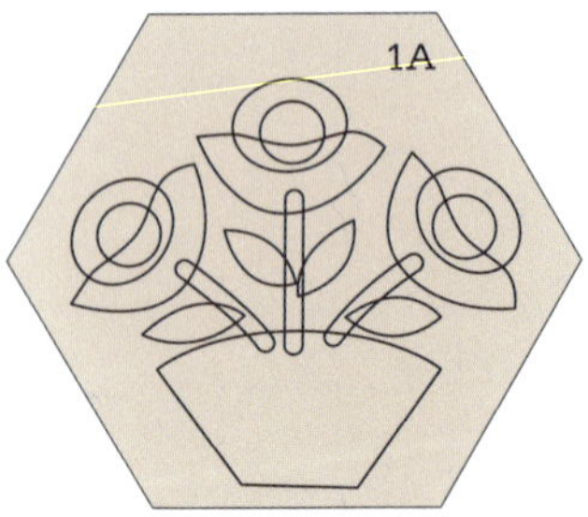

② Appliquer les pièces selon la technique de l'appliqué traditionnel.

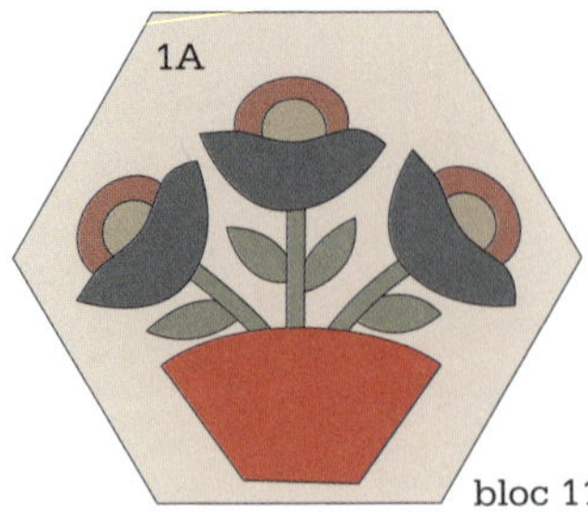

bloc 11

LE BLOC 12

Il est réalisé selon la technique de l'assemblage à l'anglaise.

Relever les gabarits de toutes les pièces sur le Rhodoïd. Reporter et couper les gabarits des **pièces** dans le Bristol fin sans ajouter de marge.

Sélectionner 6 tissus parmi les **tissus A** et couper les pièces nécessaires à la réalisation du bloc en ajoutant une marge de 0,75 cm tout autour des pièces.

De la même façon que pour le **bloc 1**, préparer les **pièces** avec les gabarits en Bristol correspondants.

Assembler les pièces selon les indications suivantes pour obtenir le **bloc 12**.

① Coudre les pièces 2A autour de l'hexagone 1A au point de surjet serré selon la technique de l'assemblage à l'anglaise.

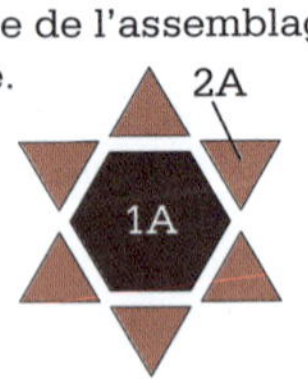

② Ajouter les pièces 3A selon la même technique.

③ Ajouter les pièces 3A et 4A selon la même technique.

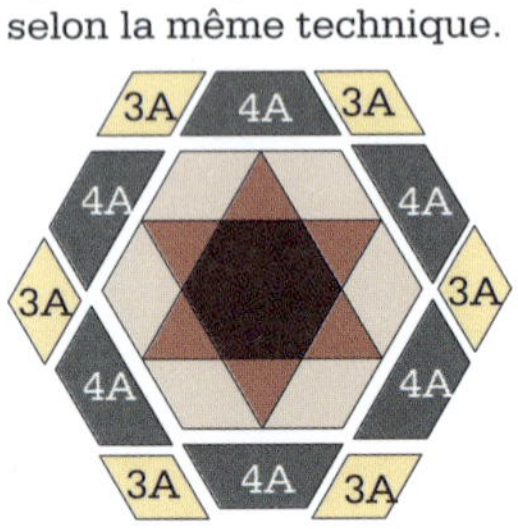

④ Ajouter les pièces 3A et 5A selon la même technique.

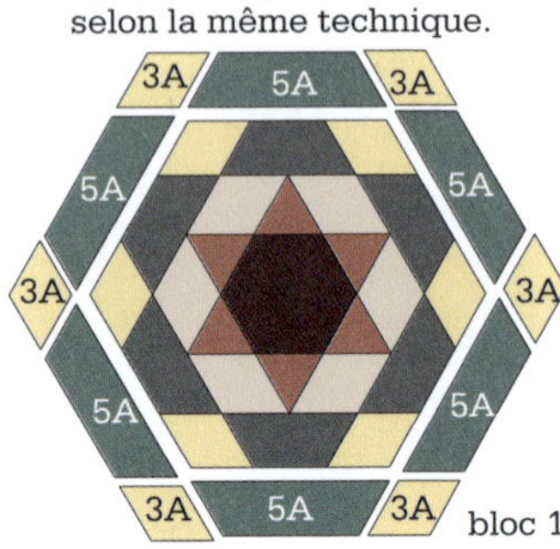

bloc 12

⑤ Ôter les gabarits en Bristol sous l'ouvrage. Repasser le bloc en ouvrant les marges de couture tout autour.

LE BLOC 13

Il est réalisé selon la technique de la couture sur support.

Photocopier 2 fois le **bloc 13** (gabarit).
Découper une des photocopies sur les lignes pour obtenir les gabarits des pièces.

Sélectionner 11 tissus parmi les **tissus A** et couper les pièces nécessaires à la réalisation du bloc en ajoutant une marge de 0,75 cm tout autour des pièces.

Assembler les pièces selon les indications suivantes pour obtenir le **bloc 13**.

① Réaliser le bloc 13 selon la technique de la couture sur papier en veillant à bien positionner les coloris des tissus.

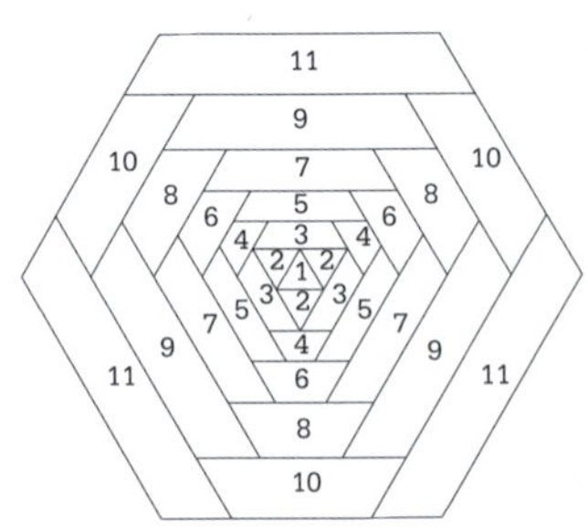

gabarit pour couture sur support envers du bloc

endroit du bloc 13

② Ôter le papier de support sous l'assemblage en le déchirant le long des coutures.

LE BLOC 14

Il est réalisé selon la technique de la couture sur support.

Photocopier 4 fois le **bloc 14** (gabarit).
Découper une des photocopies sur les lignes pour obtenir les gabarits des pièces.

Sélectionner 21 tissus parmi les **tissus A** et couper les pièces nécessaires à la réalisation du bloc en ajoutant une marge de 0,75 cm tout autour des pièces.

Assembler les pièces selon les indications suivantes pour obtenir le **bloc 14**.

①
Réaliser 3 blocs selon la technique de la couture sur papier en veillant à bien positionner les coloris des tissus.

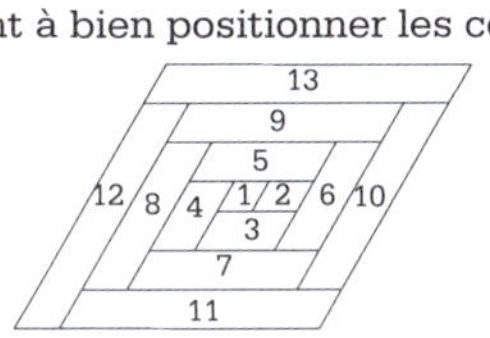

gabarit pour couture sur support
envers du bloc

endroit du bloc

②
Repasser les blocs en veillant à ne pas les déformer, recouper le surplus de tissu autour des blocs en ajoutant une marge de couture de 0,75 cm.

③
Coudre les 6 blocs obtenus en veillant à bien les orienter.

④
Ôter le papier de support sous l'assemblage en le déchirant le long des coutures.

bloc 14

Assembler les pièces selon les indications suivantes pour obtenir le **bloc 11**.

①
Reporter les emplacements des appliqués sur l'hexagone 1A.

② Appliquer les pièces selon la technique de l'appliqué traditionnel.

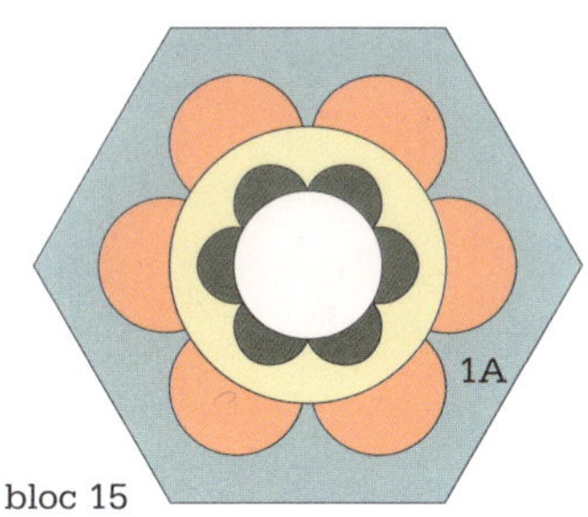

bloc 15

LE BLOC 15

Il est réalisé selon la technique de l'appliqué traditionnel.

Relever les gabarits de toutes les pièces sur le Rhodoïd.

Sélectionner 5 tissus parmi les **tissus A** et couper les pièces nécessaires à la réalisation du bloc en ajoutant une marge de 0,75 cm tout autour des pièces.

Préparer les pièces appliquées selon la technique de l'appliqué traditionnel en bâtissant les marges de couture repliées sous le tissu.

Reporter les emplacements des appliqués sur **l'hexagone 1A** selon les indications données pour le **bloc 11**.

LE BLOC 16

Il est réalisé selon la technique de l'assemblage à l'anglaise.

Relever les gabarits de toutes les pièces sur le Rhodoïd.
Reporter et couper les gabarits des **pièces** dans le Bristol fin sans ajouter de marge.
Sélectionner 5 tissus parmi les **tissus A** et couper les pièces nécessaires à la réalisation du bloc en ajoutant une marge de 0,75 cm tout autour des pièces.

De la même façon que pour le **bloc 1**, préparer les **pièces** avec les gabarits en Bristol correspondants.

Assembler les pièces selon les indications suivantes pour obtenir le **bloc 16**.

① Coudre les pièces 1A au point de surjet serré selon la technique de l'assemblage à l'anglaise.

② Réaliser 6 assemblages.

③ Coudre les 6 assemblages selon la même technique.

④ Ajouter les pièces 2A selon la même technique.

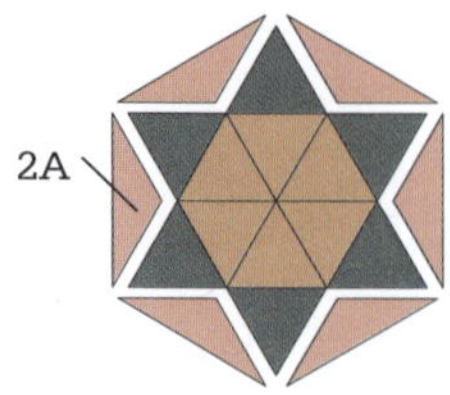

⑤ Ajouter les pièces 3A selon la même technique.

⑥ Ajouter les pièces 4A selon la même technique.

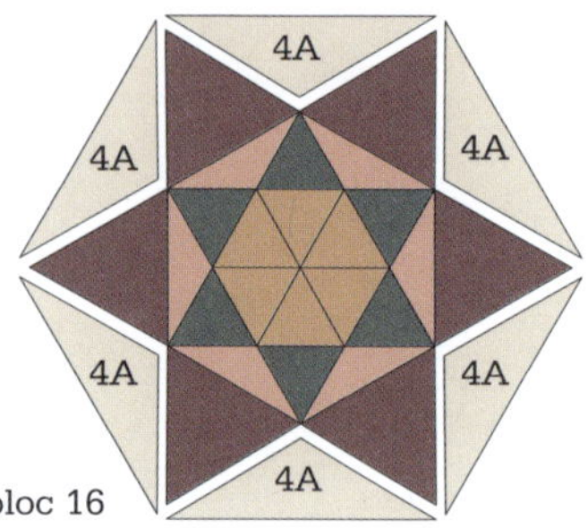

bloc 16

⑦ Ôter les gabarits en Bristol sous l'ouvrage. Repasser le bloc en ouvrant les marges de couture tout autour.

LE BLOC 17

Il est réalisé selon la technique de l'assemblage à l'anglaise.

Relever les gabarits de toutes les pièces sur le Rhodoïd. Reporter et couper les gabarits des **pièces** dans le Bristol fin sans ajouter de marge.

Sélectionner 5 tissus parmi les **tissus A** et couper les pièces nécessaires à la réalisation du bloc en ajoutant une marge de 0,75 cm tout autour des pièces.

De la même façon que pour le **bloc 1**, préparer les **pièces 1**, **2** et **3** avec les gabarits en Bristol correspondants.
Préparer les pièces appliquées selon la technique de l'appliqué traditionnel en bâtissant les marges de couture repliées sous le tissu.
Appliquer ces pièces sur les **triangles 4A** et ensuite préparer les **triangles 4** avec les gabarits correspondants.

Assembler les pièces selon les indications suivantes pour obtenir le **bloc 17**.

① Appliquer les pièces selon la technique de l'appliqué traditionnel.

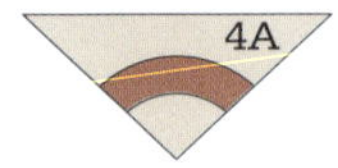

② Réaliser 6 assemblages et préparer les pièces 4 avec les bristols correspondants selon la technique de l'assemblage à l'anglaise.

③ Coudre les pièces au point de surjet serré selon la technique de l'assemblage à l'anglaise.

④ Réaliser 6 assemblages.

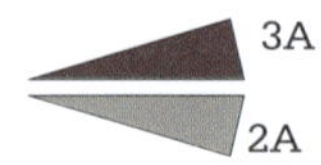

⑤ Coudre les 6 assemblages autour de l'étoile centrale selon la même technique.

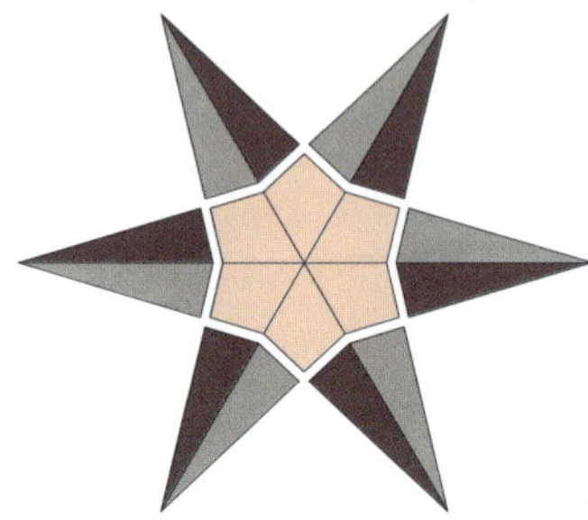

⑥ Ajouter les pièces 4A selon la même technique.

bloc 17

⑦ Ôter les gabarits en Bristol sous l'ouvrage. Repasser le bloc en ouvrant les marges de couture tout autour.

LE BLOC 18

Il est réalisé selon la technique de la couture sur support.

Photocopier 7 fois le **bloc 18** (gabarit).
Découper une des photocopies sur les lignes pour obtenir les gabarits des pièces.

Sélectionner 18 tissus parmi les **tissus A** et couper les pièces nécessaires à la réalisation du bloc en ajoutant une marge de 0,75 cm tout autour des pièces.

Assembler les pièces selon les indications suivantes pour obtenir le **bloc 18**.

① Réaliser 6 blocs selon la technique de la couture sur papier en veillant à bien positionner les coloris des tissus.

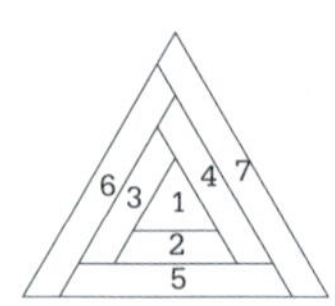

gabarit pour couture sur support
envers du bloc

endroit du bloc

② Repasser les blocs en veillant à ne pas les déformer, recouper le surplus de tissu autour des blocs en ajoutant une marge de couture de 0,75 cm.

③
Coudre les 6 blocs obtenus
en veillant à bien les orienter.

④
Ôter le papier de support sous l'assemblage en le déchirant le long des coutures.

bloc 18

LE BLOC 19

Il est réalisé selon la technique de la couture sur support.

Photocopier 2 fois le **bloc 19** (gabarit).
Découper une des photocopies sur les lignes pour obtenir les gabarits des pièces.
Sélectionner 7 tissus parmi les **tissus A** et couper les pièces nécessaires à la réalisation du bloc en ajoutant une marge de 0,75 cm tout autour des pièces.
Assembler les pièces selon les indications suivantes pour obtenir le **bloc 19**.

① Réaliser le bloc 19 selon la technique de la couture sur papier en veillant à bien positionner les coloris des tissus.

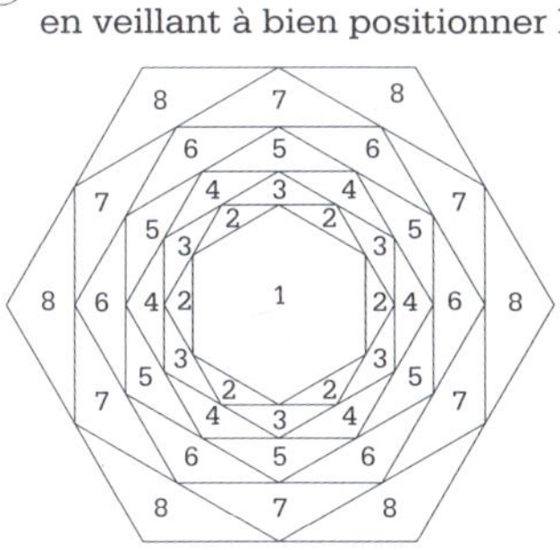

gabarit pour couture sur support
envers du bloc

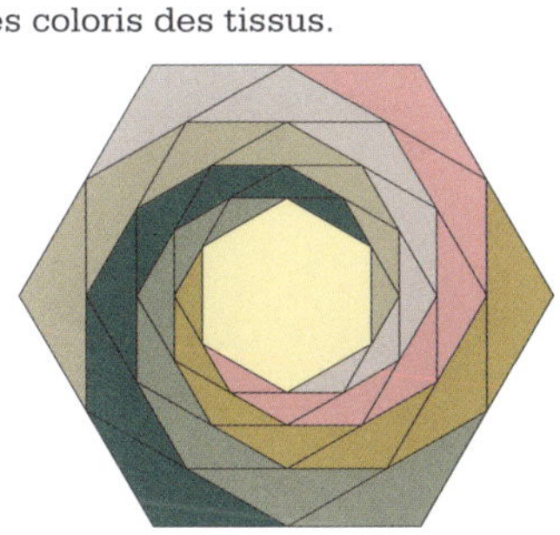

endroit du bloc 19

② Ôter le papier de support sous l'assemblage en le déchirant le long des coutures.

LE BLOC 20

Il est réalisé selon la technique de l'assemblage à l'anglaise.

Relever les gabarits de toutes les pièces sur le Rhodoïd.
Reporter et couper les gabarits des **pièces** dans le Bristol fin sans ajouter de marge.
Sélectionner 4 tissus parmi les **tissus A** et couper les pièces nécessaires à la réalisation du bloc en ajoutant une marge de 0,75 cm tout autour des pièces.

De la même façon que pour le **bloc 1**, préparer les **pièces** avec les gabarits en Bristol correspondants.

Assembler les pièces selon les indications suivantes pour obtenir le **bloc 20**.

① Coudre les pièces au point de surjet serré selon la technique de l'assemblage à l'anglaise.

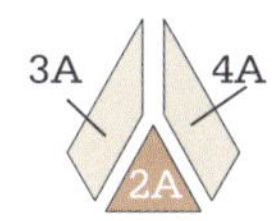

② Réaliser 6 assemblages.

③ Coudre les 6 assemblages autour de l'hexagone 1A selon la même technique.

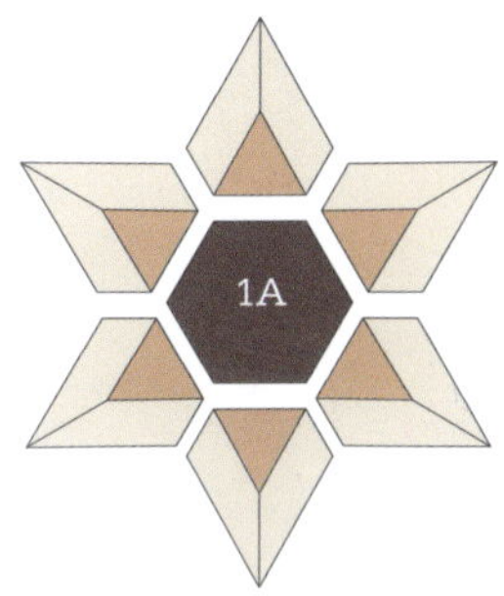

④ Ajouter les pièces 5A selon la même technique.

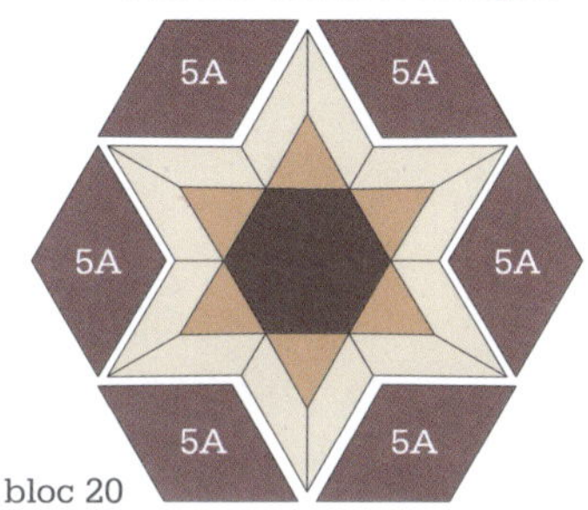

bloc 20

⑤ Ôter les gabarits en Bristol sous l'ouvrage. Repasser le bloc en ouvrant les marges de couture tout autour.

LE BLOC 21

Il est réalisé selon la technique de la couture sur support.

Photocopier 7 fois le **bloc 21** (gabarit).
Découper une des photocopies sur les lignes pour obtenir les gabarits des pièces.

Sélectionner 2 tissus de base parmi les **tissus A** et des chutes pour les petits triangles. Couper les pièces nécessaires à la réalisation du bloc en ajoutant une marge de 0,75 cm tout autour des pièces.

Assembler les pièces selon les indications suivantes pour obtenir le **bloc 21**.

① Réaliser 6 blocs selon la technique de la couture sur papier en veillant à bien positionner les coloris des tissus.

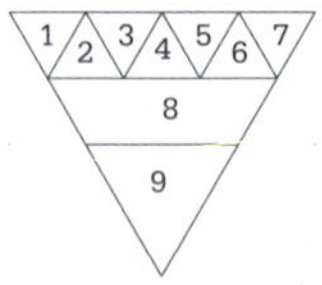

gabarit pour couture sur support envers du bloc

endroit du bloc

② Repasser les blocs en veillant à ne pas les déformer, recouper le surplus de tissu autour des blocs en ajoutant une marge de couture de 0,75 cm.

③ Coudre les 6 blocs obtenus en veillant à bien les orienter.

④ Ôter le papier de support sous l'assemblage en le déchirant le long des coutures.

bloc 21

⑧ Appliquer le grand assemblage sur son contour extérieur selon la technique de l'appliqué traditionnel.

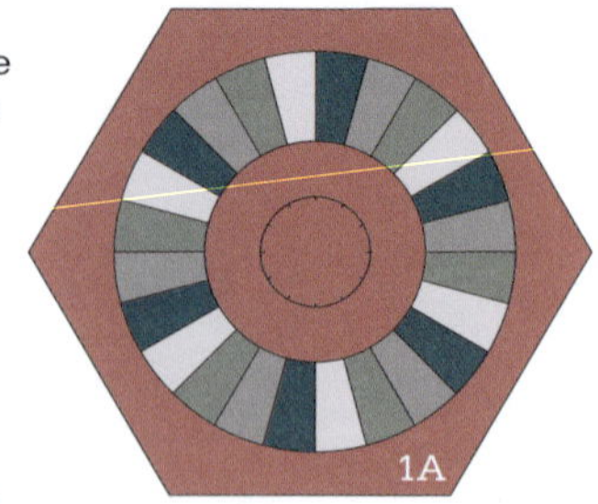

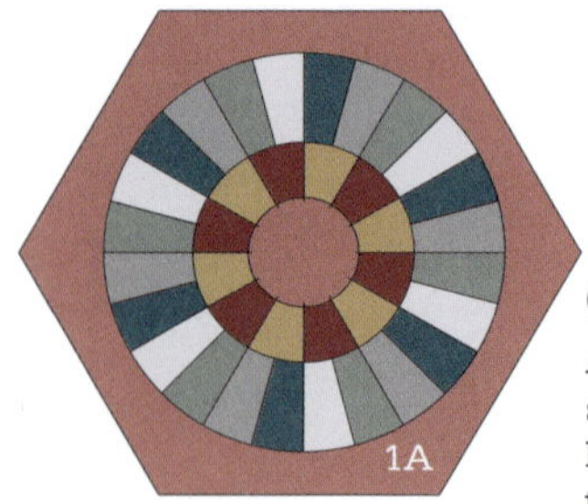

⑨ Appliquer le petit assemblage sur son contour extérieur selon la technique de l'appliqué traditionnel.

⑩ Appliquer le cercle central selon la technique de l'appliqué traditionnel.

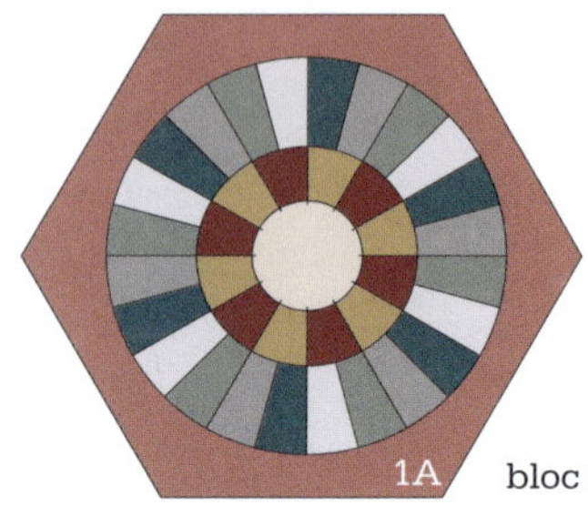

bloc 22

LE BLOC 22

Il est réalisé selon la technique de l'assemblage traditionnel et de l'appliqué traditionnel

Relever les gabarits de toutes les pièces sur le Rhodoïd.

Sélectionner 8 tissus parmi les **tissus A** et couper les pièces nécessaires à la réalisation du bloc en ajoutant une marge de 0,75 cm tout autour des pièces.

Assembler les pièces selon les indications suivantes pour obtenir le **bloc 22**.

① Coudre.

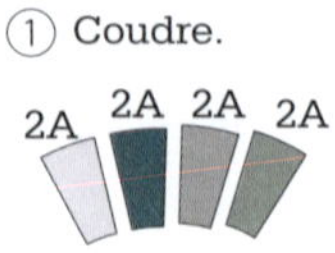

② Réaliser 5 assemblages.

③ Coudre les 5 assemblages.

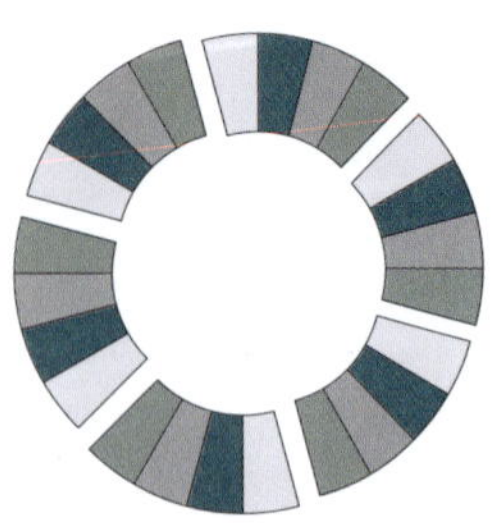

④ Coudre.

⑤ Réaliser 5 assemblages.

⑥ Coudre les 5 assemblages.

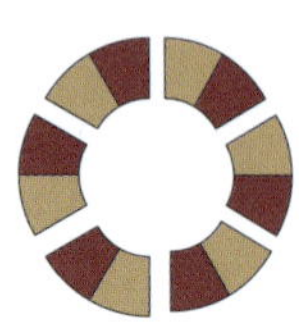

⑦ Replier les marges de coutures autour des 2 assemblages obtenus et bâtir.

LE BLOC 23

Il est réalisé selon la technique de la couture sur support (bloc 23a) et la technique de l'assemblage à l'anglaise (bloc 23b).

BLOCS 23A

Photocopier 4 fois le **bloc 23a** (gabarit).
Découper une des photocopies sur les lignes pour obtenir les gabarits des pièces.
Sélectionner 4 tissus parmi les **tissus A** et couper les pièces nécessaires à la réalisation de 3 **blocs 23a** en ajoutant une marge de 0,75 cm tout autour des pièces.

Assembler les pièces selon les indications suivantes pour obtenir les **blocs 23a**.

① Réaliser 3 blocs 23a selon la technique de la couture sur papier en veillant à bien positionner les coloris des tissus.

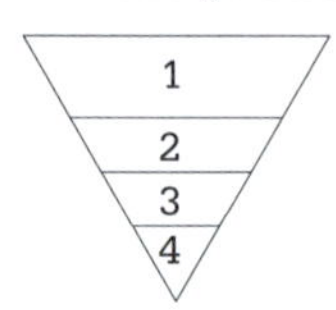

gabarit pour couture sur support envers du bloc

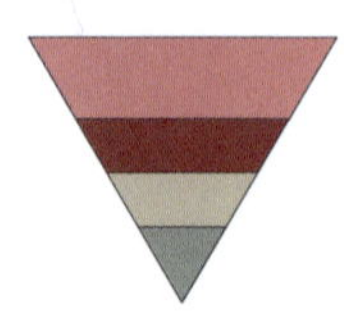

endroit du bloc 23a

② Repasser les blocs en veillant à ne pas les déformer, recouper le surplus de tissu autour des blocs en ajoutant une marge de couture de 0,75 cm.

BLOCS 23B

Relever les gabarits de toutes les pièces sur le Rhodoïd.
Reporter et couper les gabarits des pièces dans le Bristol fin sans ajouter de marge.
Sélectionner 4 tissus parmi les **tissus A** et couper les pièces nécessaires à la réalisation de 3 **blocs 23b** en ajoutant une marge de 0,75 cm tout autour des pièces.
De la même façon que pour le **bloc 1**, préparer les pièces avec les gabarits en Bristol correspondants.

Assembler les pièces selon les indications suivantes pour obtenir les **blocs 23b**.

③ Coudre les pièces au point de surjet serré selon la technique de l'assemblage à l'anglaise.

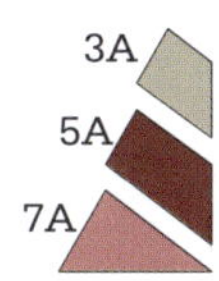

④ Réaliser 3 assemblages.

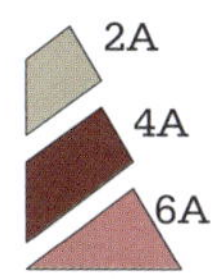

⑤ Réaliser 3 assemblages.

⑥ Coudre les assemblages obtenus par paire, selon la même technique.

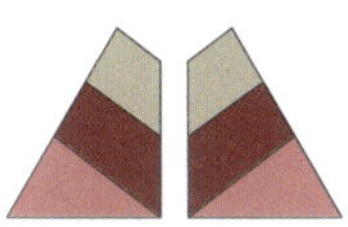

Réaliser 3 assemblages.

⑦ Ajouter 1 pièce 1A, selon la même technique.

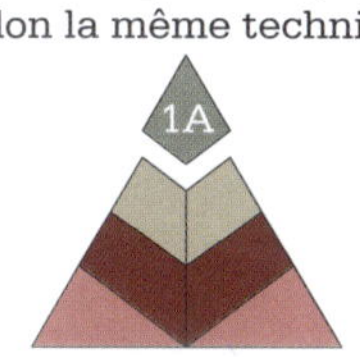

Réaliser 3 blocs 23b.

⑧ Ôter les gabarits en Bristol sous les 3 blocs 23b. Repasser les blocs en ouvrant les marges de couture tout autour.

L'ASSEMBLAGE

Assembler les blocs obtenus selon les indications suivantes pour obtenir le **bloc 23**.

⑨ Coudre les 6 blocs obtenus en veillant à bien les orienter.

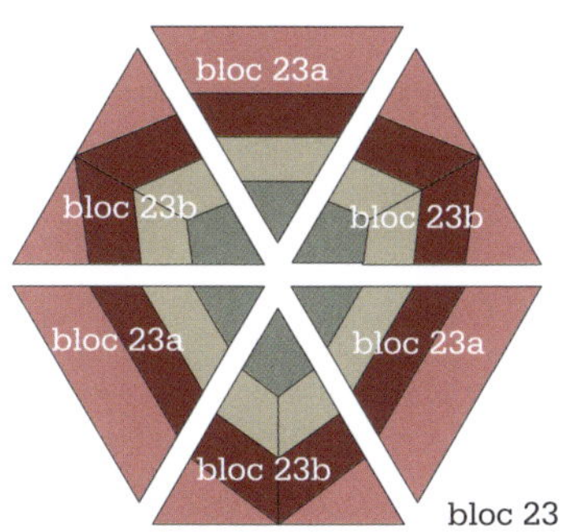

bloc 23

LE BLOC 24

Il est réalisé selon la technique de la couture sur support.
Photocopier 2 fois le **bloc 21** (gabarit).
Découper 1 des photocopies sur les lignes pour obtenir les gabarits des pièces.
Sélectionner 6 tissus parmi les **tissus A** et couper les pièces nécessaires à la réalisation du bloc en ajoutant une marge de 0,75 cm tout autour des pièces.
Assembler les pièces selon les indications suivantes pour obtenir le **bloc 24**.

① Réaliser le bloc 13 selon la technique de la couture sur papier en veillant à bien positionner les coloris des tissus.

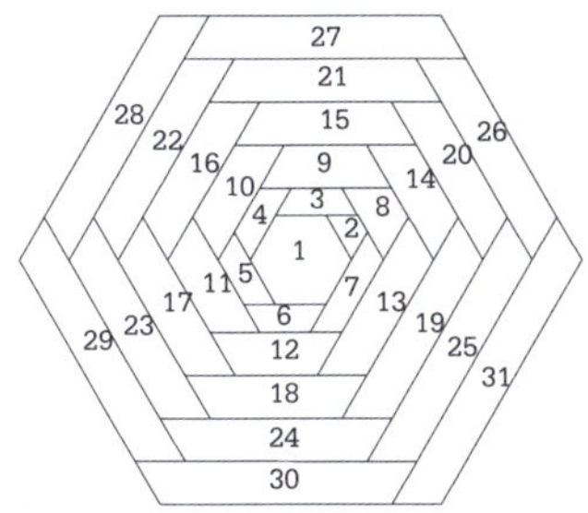

gabarit pour couture sur support envers du bloc

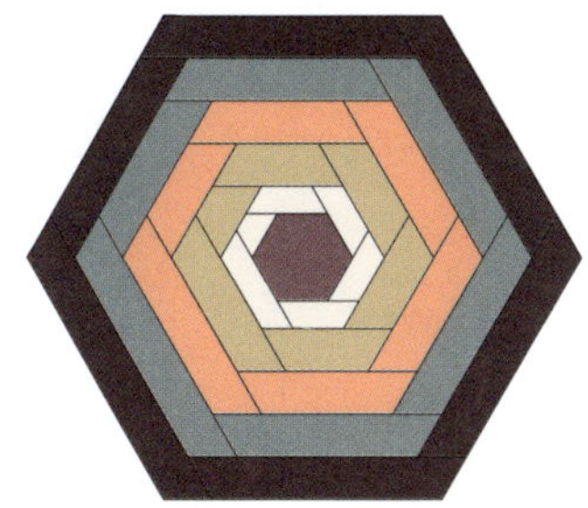

endroit du bloc 24

② Ôter le papier de support sous l'assemblage en le déchirant le long des coutures.

LE PANNEAU CENTRAL

Astuce préalable aux assemblages : pour faciliter les assemblages, ne pas coudre les marges de couture lors de la couture des hexagones 1, des pièces 2 et des triangles 3 et 4.
Sélectionner les 24 blocs, les **hexagones 1** coupés dans les différents **tissus A**, et les **pièces 2** coupées dans les **tissus B** et **C**.
Positionner les pièces selon les indications suivantes et les assembler.

① Positionner les 24 blocs et les pièces 1A, puis ajouter les pièces 2B et 2C. Assembler les blocs et les pièces en colonnes, puis joindre les colonnes entre elles.

Ajouter les **triangles 3** et **4** selon les indications suivantes.

② Ajouter ensuite les triangles 3B et 3C sur les côtés, et finaliser le panneau central en ajoutant les triangles 4 dans les angles

LES BORDURES

Ajouter les **bandes 5** en haut et en bas du panneau central, selon les indications suivantes.

Coudre les **bandes 7** et **8** autour du panneau central, selon les indications suivantes. Réaliser la couture n°5 sans la terminer. Réaliser ensuite les coutures n°6 à 8. Finaliser la couture n°5 en réalisant la couture n°9.

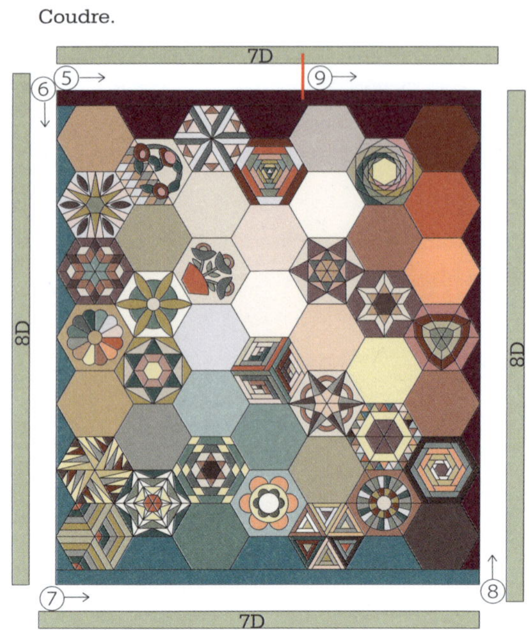

LES BLOCS 25

Ils sont réalisés selon la technique de la couture sur support.

Photocopier 11 fois le **bloc 25** (gabarit).

Découper une des photocopies sur les lignes pour obtenir les gabarits des pièces.

Pour chaque bloc, sélectionner 3 tissus parmi les **tissus A** et couper les pièces nécessaires à la réalisation des blocs en ajoutant une marge de 0,75 cm tout autour des pièces.

Assembler les pièces selon les indications suivantes pour obtenir les **blocs 25**.

⑩ Réaliser 10 blocs 25 selon la technique de la couture sur papier en veillant à bien positionner les coloris des tissus.

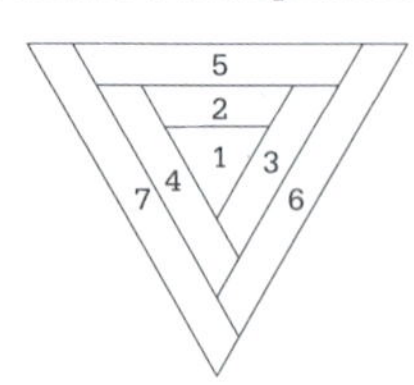

gabarit pour couture sur support
envers du bloc

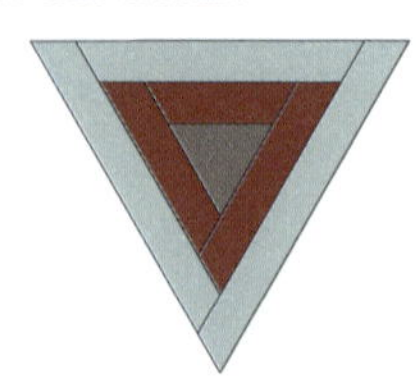

endroit du bloc 25

⑪ Repasser les blocs en veillant à ne pas les déformer, recouper le surplus de tissu autour des blocs en ajoutant une marge de couture de 0,75 cm.

LES BLOCS 26

Ils sont réalisés selon la technique de la couture sur support.
Photocopier 11 fois le **bloc 26** (gabarit).
Découper une des photocopies sur les lignes pour obtenir les gabarits des pièces.

Pour chaque bloc, sélectionner 4 tissus parmi les **tissus A** et couper les pièces nécessaires à la réalisation des blocs en ajoutant une marge de 0,75 cm tout autour des pièces.

Assembler les pièces selon les indications suivantes pour obtenir les **blocs 26**.

⑫ Réaliser 10 blocs 26 selon la technique de la couture sur papier en veillant à bien positionner les coloris des tissus.

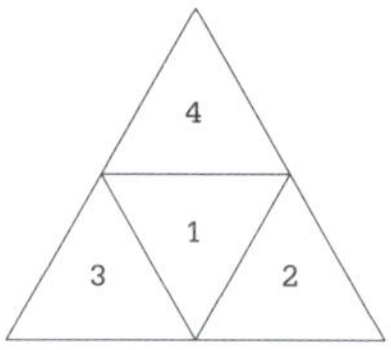

gabarit pour couture sur support envers du bloc

endroit du bloc 26

⑬ Repasser les blocs en veillant à ne pas les déformer, recouper le surplus de tissu autour des blocs en ajoutant une marge de couture de 0,75 cm.

LES BORDURES 1 ET 2

Sélectionner les **blocs 25** et **26**, les **triangles 5** coupés dans les **tissus A** et les 4 **pièces 6B**.
Positionner les pièces et les blocs selon les indications suivantes et les assembler pour obtenir les **bordures 1** et **2**.

⑭ Assembler les blocs 25, les blocs 26, les triangles 5A et les pièces 6B en lignes, selon les indications suivantes pour obtenir les bordures 1 à 4.

bordure 1

bordure 2

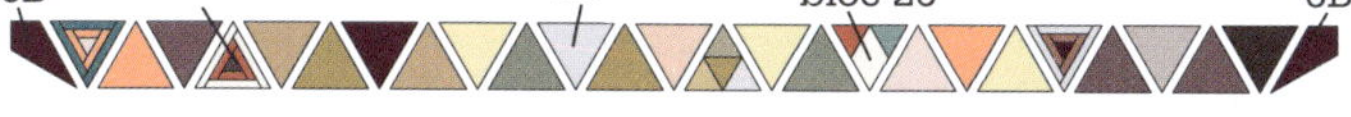

bordure 3

bordure 4

Coudre les bordures obtenues autour du panneau selon les indications suivantes pour finaliser le top.

Coudre les bordures autour du panneau central.

LE MATELASSAGE ET LA BANDE DE FINITION

A l'aide du crayon effaçable à l'eau, reporter les lignes de matelassage sur le panneau en s'inspirant de la photo du modèle ou selon son gré.

Superposer le tissu de doublure et le panneau, envers contre envers, en insérant le molleton entre les 2 épaisseurs de tissu, et fixer avec la colle en aérosol. Matelasser sur les lignes tracées.

Recouper l'excédent de molleton et de tissu de doublure au ras du panneau.

Sélectionner les **bandes 9E** et les assembler entre elles, pour former 1 longue bande. Coudre la bande obtenue autour du panneau en alignant les bords bruts, et en formant des angles en onglet.
Rabattre cette bande de finition sur l'envers et la coudre à points glissés invisibles. Elle doit mesurer 1 cm environ une fois cousue.

Coudre un manchon si nécessaire et ajouter une étiquette.

Snowflakes
PLAID

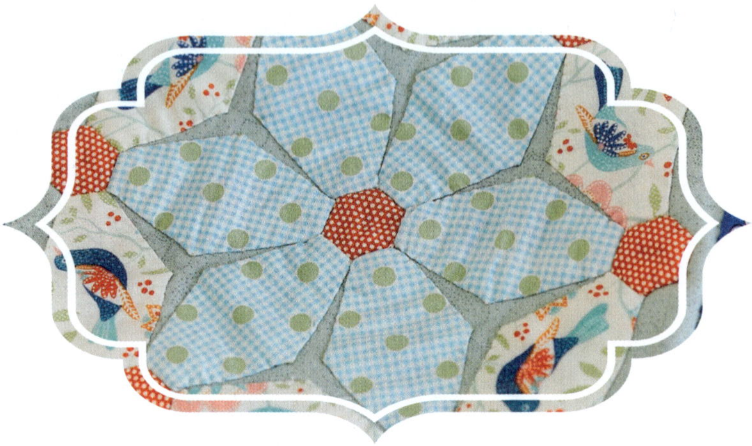

Les dimensions sont données avec une marge de couture de 0,75 cm incluse, sauf indication contraire.
Les gabarits sont donnés sans marge de couture.

DIMENSIONS

210 x 210 cm

FOURNITURES

- 300 x 110 cm de tissu bleu imprimé grosses fleurs roses (collection « Dutch Heritage Fabrics ») : **Tissu A**
- Chutes de tissus imprimés dans des coloris variés, pour un métrage global de 600 x 110 cm environ : **Tissus B**
- 30 x 55 cm de 28 tissus imprimés dans des coloris variés : **Tissus C**
- 50 x 110 cm de tissu jaune et blanc à petits carreaux : **Tissu D**
- 50 x 110 cm de tissu rose imprimé motifs rouge et vert anis : **Tissu E**
- 220 x 220 de tissu fin (en guise de molleton)
- 220 x 220 cm de tissu de doublure
- Fil à coudre
- Fil à quilter
- Bristol fin
- Rhodoïd pour gabarits et feutre fin permanent
- Amidon en bombe facilitant le repassage
- Crayon effaçable à l'eau, crayon à papier
- Colle en aérosol
- Cutter rotatif, règle et plaque de coupe
- Machine à coudre et matériel de couture

Gabarits encart B

CHOSES

Astuce : les Gabarits EZpiecer de « Foltvilag » permettent une réalisation facile de cet ouvrage. Les pièces nécessaires sont les suivantes (1 sachet de chaque gabarit) :
- *hexagones de 13 mm (pièces 1)*
- *hexagones allongés de 39 mm (pièces 2).*

Sur les schémas et sur les gabarits, les chiffres identifient les pièces, et les lettres identifient les tissus. Les chiffres entourés identifient l'ordre des assemblages.

LA MARCHE À SUIVRE

LES GABARITS

Reporter le contour des **pièces 1** à **6** et **9** à **12** (**gabarits**) sur le Rhodoïd avec le feutre fin permanent.
Ajouter une marge de couture de 0,75 cm tout autour des pièces et les découper sur les traits extérieurs.

Reporter le contour des **pièces 1**, **2**, **9**, **10**, **11** et **12** sur le Rhodoïd avec le feutre fin permanent, et les découper sur la ligne, sans ajouter de marge. À l'aide de ces gabarits, reporter les pièces sur le Bristol fin et les découper sur les lignes, sans ajouter de marge. Il faut préparer :
- 7 **hexagones 1** et 12 **pièces 2** (pour 1 bloc « flocon »)
- 436 **pièces 9**
- 454 **losanges 10**
- 136 **pièces 11**
- 100 **triangles 12**.

Remarque : si vous avez les gabarits de « Foltvilag », il n'est pas nécessaire de réaliser les gabarits des pièces 1 et 2 : utilisez directement les gabarits en plastique de « Foltvilag ».

LA COUPE

Dans le tissu A, couper :
- 3 **bandes 14** de 4 cm de large dans la longueur totale du tissu
- 2 **bandes 13** de 17 x 211,5 cm dans la longueur du tissu
- 2 **bandes 7** de 7,2 x 159,5 cm dans la longueur du tissu
- 2 **bandes 8** de 5 x 126,8 cm dans la longueur du tissu
- 4 **triangles 5**
- 2 **triangles 6** et 2 **triangles 6 inversés**
- 54 **triangles 4**
- 136 **pièces 11**
- 100 **triangles 12**.

Dans chacun des 28 tissus C, couper :
- 1 **hexagone 3**.

Dans le tissu D, couper :
- 22 **pièces 9**
- 28 **losanges 10**.

Dans le tissu E, couper :
- 26 **pièces 9**
- 38 **losanges 10**.

LES BLOCS « FLOCON » (BLOCS 1)

Sélectionner 3 **tissus B** différents et couper :
- 7 **hexagones 1** dans l'un des tissus
- 6 **pièces 2** dans le second tissu en positionnant le même motif imprimé sur chacune des pièces (si désiré)
- 6 **pièces 2** dans le troisième tissu en positionnant le même motif imprimé sur chacune des pièces (si désiré).

Sélectionner 7 **hexagones 1** et 12 **pièces 2** coupés dans le Bristol fin (ou les gabarits « EZpiecer »)
Sélectionner 1 **hexagone 1** coupé dans 1 des **tissus B** et 1 hexagone coupé dans le Bristol fin (ou 1 gabarit « EZpiecer ») et préparer la pièce selon les indications suivantes. Placer le gabarit sur l'envers du tissu en le centrant, replier les marges autour du gabarit et les bâtir.

① Replier la marge de tissu sur le gabarit en Bristol et bâtir pour maintenir le repli sur l'envers de la pièce.

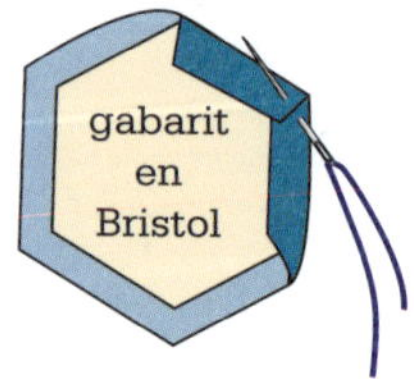

② La pièce est terminée et prête à être assemblée selon la technique de la couture à l'anglaise.

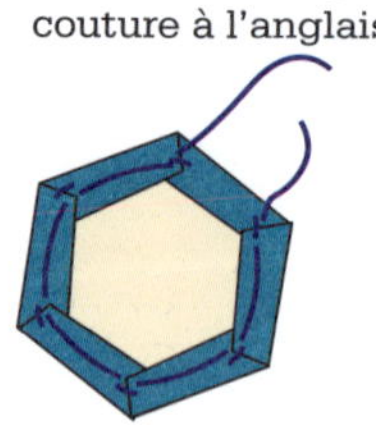

③ De la même façon, préparer les autres hexagones 1 et les pièces 2, avec les gabarits correspondants.

Sélectionner les pièces préparées à l'aide des gabarits, et les assembler selon les indications suivantes, pour obtenir l'assemblage « flocon ».

Sélectionner 1 **hexagone 3C** et appliquer l'assemblage « flocon » en le centrant selon les indications suivantes.

④
Coudre les pièces 2B autour d'1 hexagone 1B au point de surjet selon la technique de l'assemblage à l'anglaise.

⑤
Coudre les pièces 2B et les hexagones 1B autour de l'assemblage obtenu au point de surjet selon la technique de l'assemblage à l'anglaise.

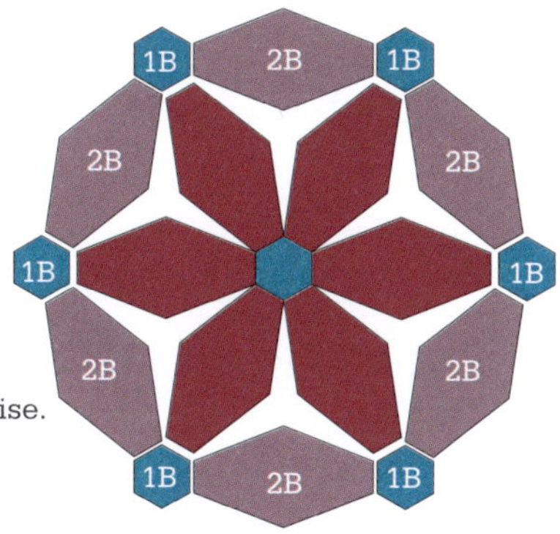

⑥
Sous l'assemblage, ôter délicatement les gabarits en Bristol en veillant à ne pas déformer l'ouvrage. Amidonner légèrement et repasser l'assemblage.

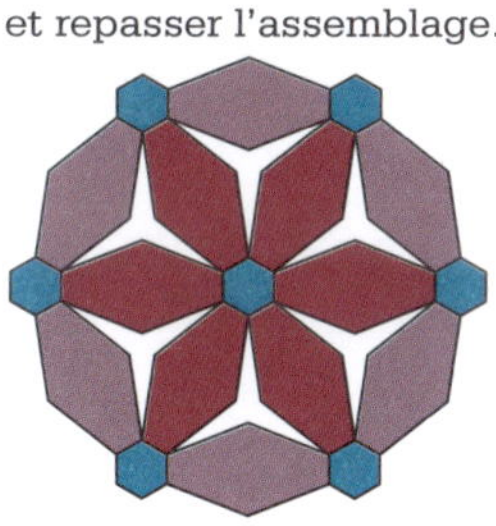

⑦
Appliquer le « flocon » obtenu sur 1 hexagone 3C, selon la technique de l'appliqué traditionnel.

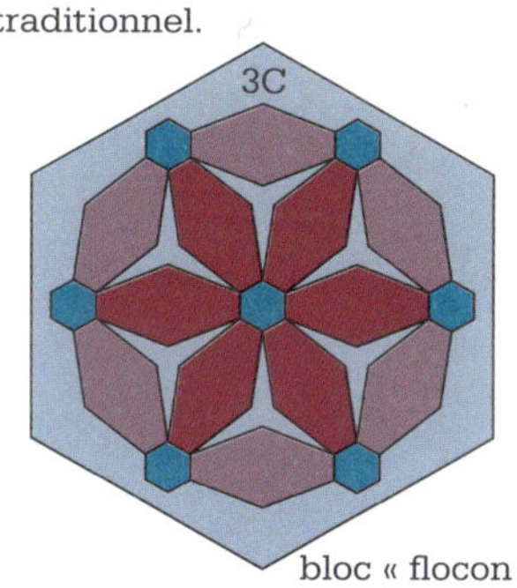

bloc « flocon »

⑧ De la même façon, réaliser 27 autres « flocons » et les appliquer sur les hexagones 3C, en variant les coloris des tissus.

LES BLOCS 2 ET 3

Sélectionner les blocs « flocon » et 44 **triangles 4A** et les assembler selon les indications suivantes pour obtenir les **blocs 2** et **3**.

Coudre.

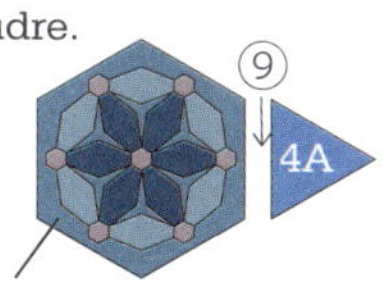

bloc « flocon »

⑩ Réaliser 12 blocs 2.

Coudre.

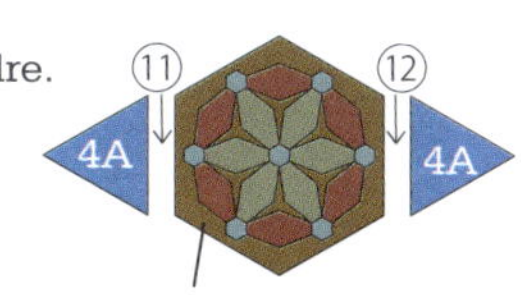

bloc « flocon »

⑬ Réaliser 16 blocs 3.

LE PANNEAU CENTRAL

Sélectionner les **blocs 2** et **3**, les 10 **triangles 4A** restants, les 4 **triangles 5A** et les 4 **triangles 6** et **6 inversés**. Positionner les blocs en répartissant les coloris des tissus pour obtenir une composition harmonieuse. Ajouter ensuite les **triangles 4**, **5** et **6** selon les indications suivantes. Assembler en lignes dans la diagonale, puis coudre les lignes entre elles, pour obtenir le panneau central.

⑭ Coudre les blocs 1 et 2 avec les pièces 4A, 5A et 6A en lignes, dans la diagonale, puis assembler les lignes entre elles.

Sélectionner les **bandes 7A** et **8A** et les assembler autour du panneau central selon les indications suivantes.

LES BLOCS 4

Sélectionner 2 **tissus B ou C** différents et couper :

• 2 **pièces 9** dans l'un des tissus en positionnant le même motif imprimé sur chacune des pièces (si désiré)

• 2 **pièces 10** dans le second tissu en positionnant le même motif imprimé sur chacune des pièces (si désiré).

Sélectionner 2 **pièces 9** et 2 **pièces 10** coupés dans le Bristol fin.

Sélectionner 1 **pièce 9** coupée dans l'un des **tissus** et 1 **pièce 9** coupée dans le Bristol fin et préparer la pièce selon la même technique que celle donnée pour le bloc 1.

De la même façon, préparer les 3 autres pièces avec les gabarits correspondants.

Sélectionner les pièces préparées à l'aide des gabarits en Bristol, et les assembler selon les indications suivantes, pour obtenir 1 **bloc 4**.

(19) Coudre les pièces 9B (ou 9C) et 10B (ou 10C) au point de surjet selon la technique de l'assemblage à l'anglaise.

(20) Réaliser 194 blocs 4 en variant les coloris des tissus.

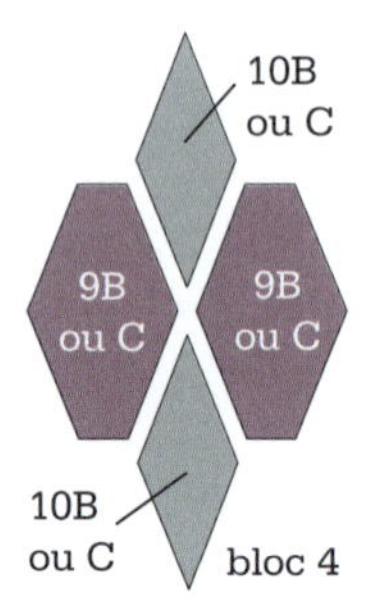

Sélectionner les **pièces 9** et **10** coupées dans les **tissus D** et **E** et les gabarits en Bristol correspondants et les préparer selon la technique de l'assemblage à l'anglaise.

Sélectionner les **pièces 11** et **12** coupées dans le **tissu A** et les gabarits en Bristol correspondants et les préparer selon la technique de l'assemblage à l'anglaise.

LES BORDURES 1

Sélectionner 39 **blocs 4**, 2 **pièces 9E**, 19 **losanges 10E** et 14 **losanges 10D** et les assembler selon les indications suivantes en veillant à bien répartir les coloris des **blocs 4**.

Sélectionner 68 **pièces 11A** et 6 **triangles 12A** et les assembler selon les indications suivantes.

(21) Coudre les blocs 4 et les 2 pièces 9E, puis ajouter les losanges 10D et 10E, au point de surjet serré selon la technique de l'assemblage à l'anglaise.

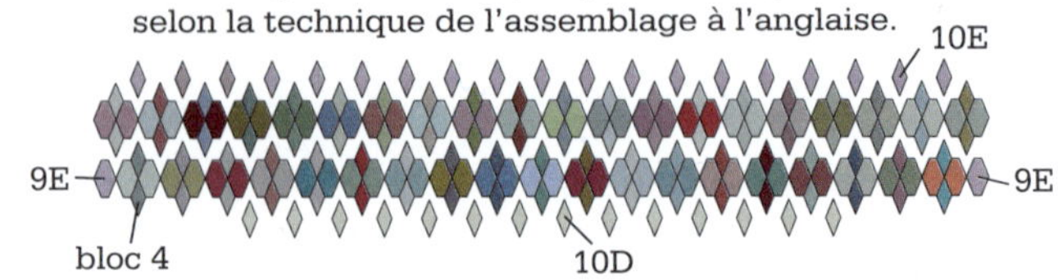

(22) Ajouter les pièces 11A et 12A au point de surjet serré selon la technique de l'assemblage à l'anglaise.

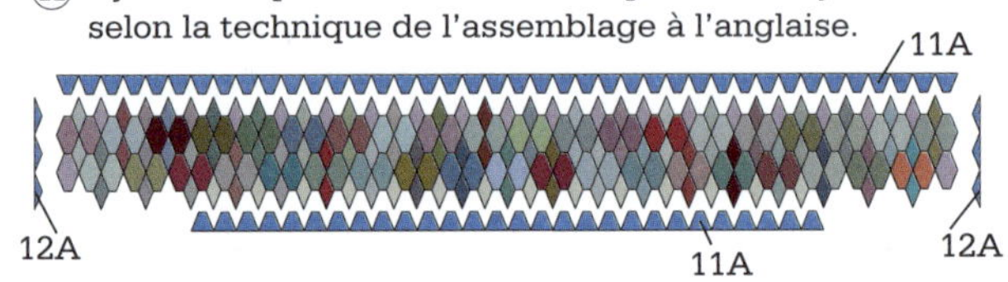

(23) Réaliser 2 bordures 1 en variant les coloris des tissus B et C.

LES BORDURES 2

Sélectionner 58 **blocs 4**, 11 **pièces 9D** et 11 **pièces 9E** et les assembler selon les indications suivantes en veillant à bien répartir les coloris des **blocs 4**.

Sélectionner 44 **triangles 12A** et les assembler selon les indications suivantes.

(24) Coudre les blocs 4 au point de surjet serré selon la technique de l'assemblage à l'anglaise.

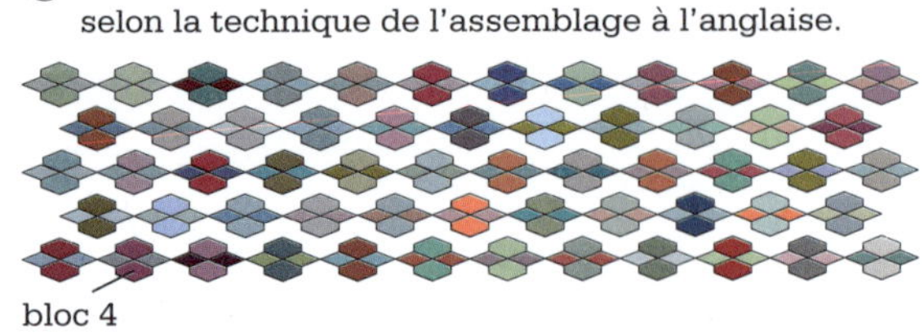

(25) Ajouter les pièces 9D et 9E au point de surjet serré selon la technique de l'assemblage à l'anglaise.

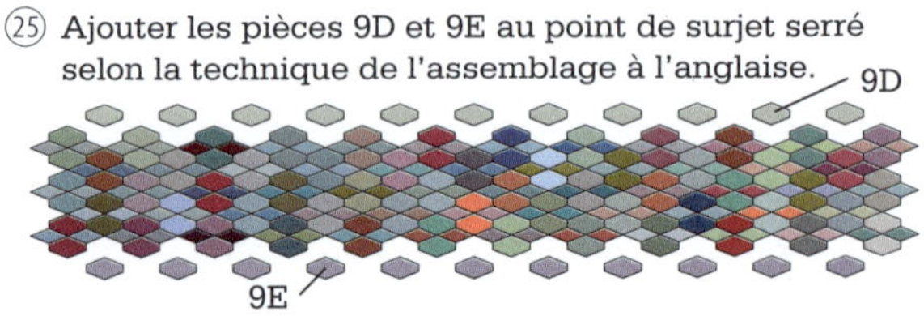

(26) Ajouter les pièces 12A au point de surjet serré selon la technique de l'assemblage à l'anglaise.

(27) Réaliser 2 bordures 2 en variant les coloris des tissus B et C.

L'ASSEMBLAGE

Sélectionner les 2 **bordures 2**. Sous les assemblages, ôter délicatement les gabarits en Bristol des **pièces 12A** et des **pièces 9** des **blocs 4 situées le long du panneau central**, en conservant les autres gabarits en Bristol. Repasser en ouvrant les marges de couture qui étaient repliées sous les gabarits en Bristol.

Réaliser le même travail le long des **bordures 1** sous les **pièces 11A** et les **losanges 10** des **blocs 4** situés le long du panneau central.

Coudre les **bordures 2** à droite et à gauche du panneau central, sans coudre les extrémités des marges de couture (coutures n°28 et 29). Coudre les **bordures 1** en haut et en bas du panneau central, sans coudre les extrémités des marges de couture (coutures n°30 et 31).

Pour finir, assembler les **bordures 1** et **2** entre elles, au point de surjet serré selon la technique de l'assemblage à l'anglaise (coutures n°32 à 35).

Coudre.

Sous l'assemblage, ôter délicatement les gabarits en Bristol en veillant à ne pas déformer l'ouvrage. Repasser en ouvrant les marges de couture sur le contour de l'ouvrage.

LES BORDURES FINALES

Sélectionner les **bandes 13A** et les assembler à droite et à gauche du panneau selon les indications suivantes, pour finaliser le top.

Coudre.

LE MATELASSAGE ET LA BANDE DE FINITION

À l'aide du crayon effaçable à l'eau, reporter les lignes de matelassage sur le panneau en s'inspirant de la photo du modèle ou selon son gré.

Astuce : il n'est pas nécessaire de réaliser un matelassage compliqué, mais il s'agit plutôt d'assembler les 3 couches de tissu pour les maintenir entre elles.

Superposer le tissu de doublure et le panneau, envers contre envers, en insérant le tissu fin entre les 2 épaisseurs de tissu, et fixer avec la colle en aérosol.

Matelasser sur les lignes tracées. Recouper l'excédent de tissu fin et de tissu de doublure au ras du panneau.

Sélectionner les **bandes 14A** et les assembler entre elles, pour former 1 longue bande. Coudre la bande obtenue autour du panneau en alignant les bords bruts, et en formant des angles en onglet.

Rabattre complètement cette bande de finition sur l'envers (elle ne doit pas être visible sur l'endroit de l'ouvrage) en formant des angles nets et la coudre à points glissés invisibles, en repliant la marge de couture. Elle doit mesurer 2 cm environ une fois cousue.

Coudre un manchon si nécessaire et ajouter une étiquette.

Sac
CROCHETÉ

Réalisation Martine Van Beirendonck pour Kristel Salgarollo

Les dimensions sont données avec une marge de couture incluse.

DIMENSIONS

40 x 30 x 15 cm

FOURNITURES

- 220 x 110 cm de tissu noir et blanc imprimé : **Tissu A**
- Chutes de nombreux tissus imprimés dans des coloris variés pour un métrage global de 900 x 110 cm : **Tissus B**
- Crochet n°8
- 6 épingles marqueur de rang

Sur les schémas les chiffres identifient les pièces, et les lettres identifient les tissus. Les chiffres entourés identifient l'ordre des assemblages.

LA MARCHE À SUIVRE

LA COUPE

Dans le tissu A, couper :

• Des bandes de 2,5 cm de large dans la largeur totale du tissu.

Dans les tissus B, couper :

• Des bandes de 2,5 cm de large dans la largeur totale du tissu.

LA PRÉPARATION DES TISSUS

Sélectionner 2 bandes de **tissus B** (2 tissus différents) et les nouer selon les indications suivantes.

① Sélectionner 1 bande coupée dans 2 tissus A de 2,5 cm de large et les superposer, envers contre envers, en faisant coïncider parfaitement les bords sur 1 extrémité.

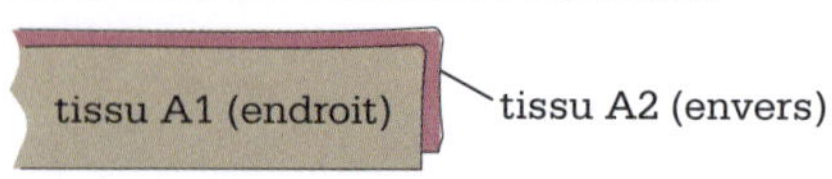

② Replier les 2 épaisseurs de tissu sur 1,5 cm environ.

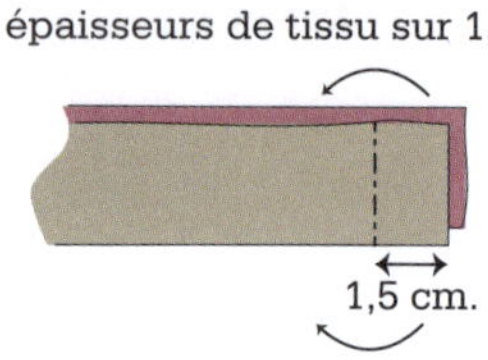

③ Réaliser une petite incision d'environ 1 cm au centre de la bande (sur le pli des tissus) avec une paire de ciseaux bien aiguisée (sans couper jusqu'au bout).

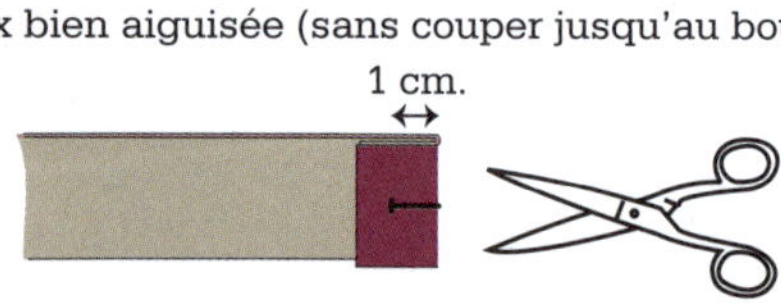

④ Replacer les 2 bandes à plat (endroit des tissus vers soi) en faisant coïncider les 2 fentes des tissus.

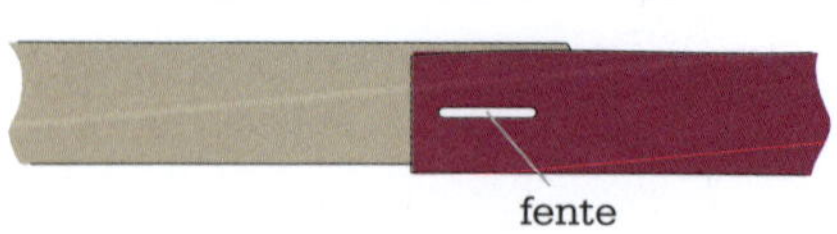

⑤ Faire passer l'extrémité de la bande supérieure à travers les 2 fentes des tissus et tirer sur le tissu pour former un nœud.

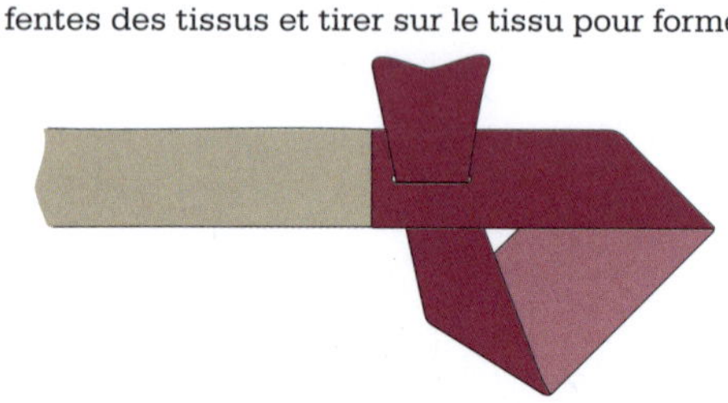

⑥ Tirer fortement sur les tissus pour aplatir le nœud au maximum.

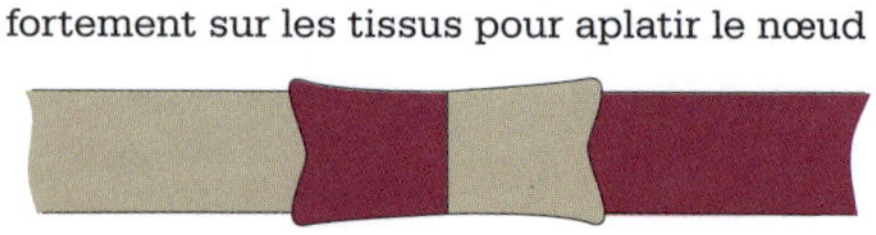

De la même façon, assembler plusieurs bandes bout à bout, puis former une boule avec le « fil » ainsi obtenu, en faisant tourner les bandes de tissu pour « roulotter » le « fil » et faciliter la réalisation de l'ouvrage au crochet.

Nouer les bandes de **tissu A** de la même façon.

Astuce : l'ouvrage peut être réalisé en nouant les bandes de tissu et en les « roulottant » au fur et à mesure de l'avancement du travail.

L'ÉCHANTILLON

Réaliser un échantillon en crochetant les « fils » obtenus.
1 bande de tissu de 2,5 x 110 cm permet de réaliser 11 mailles serrées avec un crochet n°8.
En fonction de sa manière de crocheter (plus ou moins lâche ou serré), utiliser un crochet plus gros ou plus petit pour obtenir cet échantillon.

LE FOND DU SAC

Sélectionner le « fil » obtenu avec le **tissu A** et crocheter le fond selon les indications suivantes.
Selon les indications du diagramme, commencer sur une chaînette de base de 20 mailles en l'air.
Réaliser ensuite les différents tours suivant en crochetant l'ouvrage en ovale, autour de la chaînette de base.
Tour 1 : Réaliser 1 maille en l'air puis 19 mailles serrées (soit 1 maille serrée dans chaque maille en l'air de la chaînette). Crocheter ensuite 5 mailles serrées dans la dernière maille en l'air de la chaînette pour passer de l'autre côté. Réaliser 18 mailles serrées, 4 mailles serrées dans la dernière maille en l'air de la chaînette de base. Fermer le tour par 1 maille coulée. (Il y a donc 46 mailles en tout.)
Tour 2 : Réaliser 1 maille en l'air puis 20 mailles serrées. Crocheter ensuite 1 augmentation, 1 maille serrée, 1 augmentation, 20 mailles serrées, 1 augmentation, 1 maille serrée et 1 augmentation.
Fermer le tour par 1 maille coulée. (Il y a donc 50 mailles en tout.)
Tour 3 : Réaliser 1 maille en l'air puis 20 mailles serrées. Crocheter ensuite 1 augmentation, 3 mailles serrées, 1 augmentation, 20 mailles serrées, 1 augmentation, 3 mailles serrées et 1 augmentation.
Fermer le tour par 1 maille coulée. (Il y a donc 54 mailles en tout.)
Tours 4 à 13 : Continuer suivant le même principe, selon les indications du diagramme.
À la fin du tour n°13, il y a 94 mailles en tout.

LES CÔTÉS

Sélectionner le « fil » obtenu avec les **tissus B** et crocheter les côtés selon les indications suivantes.

Tours 14 à 29 : Pour chaque tour, réaliser 1 maille en l'air puis 94 mailles. Fermer les tours par 1 maille coulée. (Il y a donc 94 mailles en tout.)

Tour 30 (avec les anses) : Réaliser 1 maille en l'air, 2 mailles serrées, 16 mailles en l'air, passer 16 mailles. Continuer en réalisant 31 mailles serrées, 16 mailles en l'air, passer 16 mailles et finaliser le tour en réalisant 29 mailles serrées. Fermer le tour par 1 maille coulée. (Il y a donc 94 mailles en tout.)

Tour 31 : Réaliser 1 maille en l'air, 2 mailles serrées, 16 mailles serrées dans l'arceau des mailles en l'air du tour précédent. Continuer en réalisant 31 mailles serrées, 16 mailles serrées dans l'arceau des mailles en l'air du tour précédent, 29 mailles serrées. Fermer le tour par 1 maille coulée. (Il y a donc 94 mailles en tout.)

Tour 32 : Réaliser 1 maille en l'air, puis 94 mailles serrées. Fermer le tour par 1 maille coulée et couper le fil.

Diagramme du sac

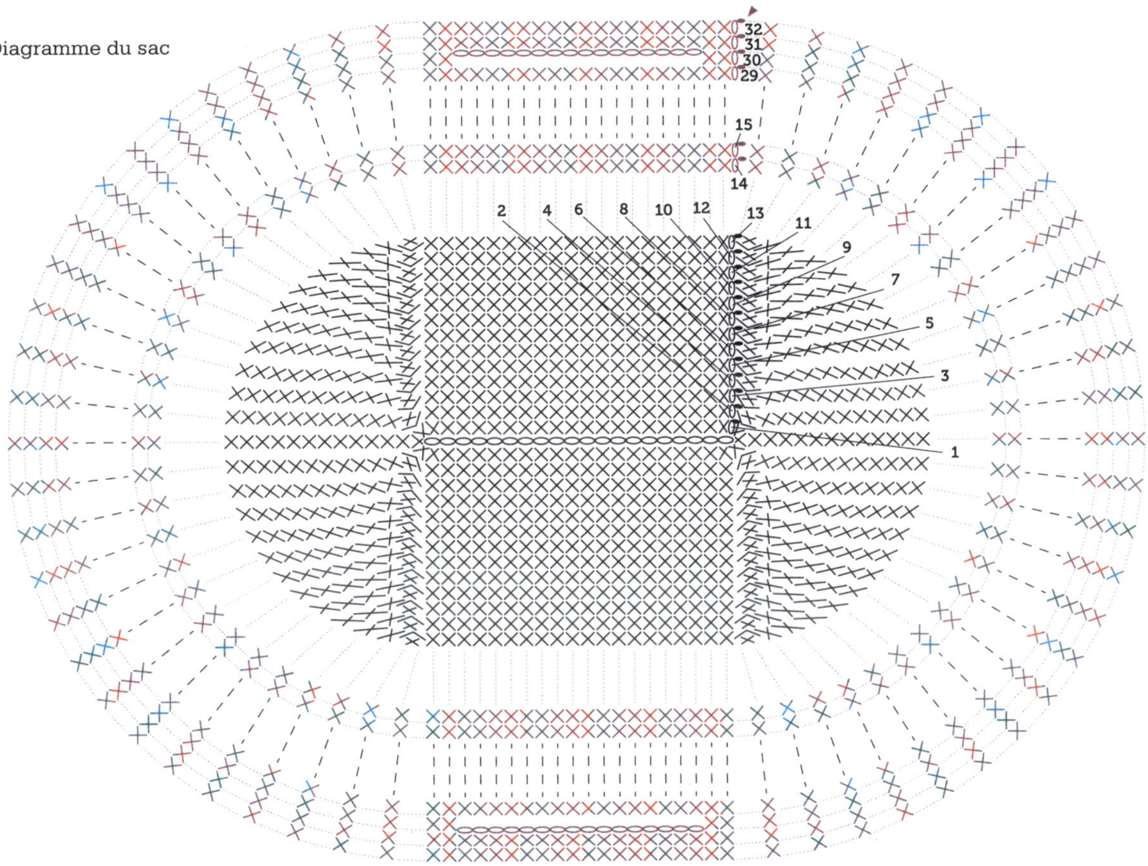

Légende

- ◂ Couper le fil.
- ○ 1 maille air : 1 jeté, écouler la boucle sur le crochet.
- • 1 maille coulée : piquer le crochet dans 1 m., 1 jeté et écouler toutes les boucles sur le crochet.
- × 1 maille serrée : piquer le crochet dans 1 m., 1 jeté à travers la m., 1 jeté, écouler toutes les boucles sur le crochet.
- ≫ 1 augmentation : crocheter 2 m.s. dans la même m.

Mini-quilt MAISONS

Les dimensions sont données avec une marge de couture de 0,5 cm incluse, sauf indication contraire.
Les gabarits sont donnés sans marge de couture.

DIMENSIONS

33 x 33 cm

FOURNITURES

- 25 x 55 cm de tissu blanc cassé : **Tissu A**
- 50 x 55 cm de tissu bleu imprimé petits motifs rayés : **Tissu B**
- 25 x 55 cm de tissu rouge à petits pois blancs : **Tissu C**
- 50 x 55 cm de tissu blanc cassé imprimé petits motifs rouges : **Tissu D**
- 40 x 40 cm de molleton
- Fil à coudre
- Fils à quilter rouge et blanc
- Gabarit EZ log 15 Small de « Foltvilag »
- 40 x 40 cm de tissu « Vetex »
- Stylo pointe fine
- Crayon effaçable à l'eau, crayon à papier
- Colle en aérosol
- Cutter rotatif, règle et plaque de coupe
- Machine à coudre et matériel de couture

Gabarits encart A

Sur les schémas et sur les gabarits, les chiffres identifient les pièces, et les lettres identifient les tissus. Les chiffres entourés identifient l'ordre des assemblages.

LA MARCHE À SUIVRE

LES GABARITS

À l'aide du stylo à pointe fine, reporter 4 fois le gabarit EZ log 15 small (6 « vols d'oie ») sur le tissu « Vetex » en les espaçant d'au moins 2 cm, pour obtenir les gabarits des **blocs 9**.

De la même façon, reporter 4 fois les gabarits des **blocs 1** à **8**, en traçant les pièces par transparence à l'aide du stylo pointe fine, sur le tissu « Vetex ».

Remarque : si vous n'avez pas le gabarit de « Foltvilag », reportez 4 fois le gabarit du bloc 9 par transparence sur le tissu « Vetex », en veillant à ne pas le déformer.

Une fois les blocs reportés, les découper en ajoutant une marge de 1 cm minimum tout autour des blocs.

LA COUPE

Dans le tissu A, couper :

- 2 **bandes 4** de 3 x 19 cm
- 2 **bandes 5** de 3 x 23 cm.

Dans le tissu B, couper :

- 4 **bandes 6** de 6 x 40 cm
- 8 **bandes 1** de 1,75 x 5,5 cm
- 8 **bandes 2** de 7,75 x 7 cm.

Remarque : les bandes 6 sont coupées plus longues que nécessaire pour faciliter la réalisation des coins à 45°.

Dans le tissu C, couper :

- 1 **carré 3** de 3 x 3 cm.

Dans le tissu D, couper :

- 1 **carré 7** de 40 x 40 cm (doublure).

LES BLOCS 1

Dans le tissu A, couper 4 fois :

- 1 **rectangle 1** de 1,5 x 1,7 cm
- 1 **rectangle 3** de 1,5 x 3 cm
- 1 **rectangle 5** de 1,5 x 1,8 cm.

Dans le tissu C, couper 4 fois :

- 1 **carré 2** de 1,5 x 1,5 cm.

Dans le tissu D, couper 4 fois :

- 1 **carré 4** de 1,5 x 1,5 cm

Sélectionner 1 **pièce 1** à **5** et les assembler selon les indications suivantes pour obtenir 1 **bloc 1**. Réaliser 3 autres **blocs 1** identiques.

① Réaliser 4 blocs 1 selon la technique de la couture sur support.

gabarit pour couture sur support envers du bloc

bloc 1 endroit du bloc

LES BLOCS 2

Dans le tissu A, couper 4 fois :

- 1 **rectangle 1** de 2,2 x 3 cm
- 1 **rectangle 5** de 2,3 x 3 cm.

Dans le tissu C, couper 4 fois :

- 1 **rectangle 2** de 3 x 4,7 cm
- 1 **carré 4** de 3 x 3 cm.

Dans le tissu D, couper 4 fois :

- 1 **rectangle 3** de 1,5 x 3,5 cm.

Sélectionner 1 **pièce 1** à **5** et les assembler selon les indications suivantes pour obtenir 1 **bloc 2**. Réaliser 3 autres **blocs 2** identiques.

② Réaliser 4 blocs 2 selon la technique de la couture sur support.

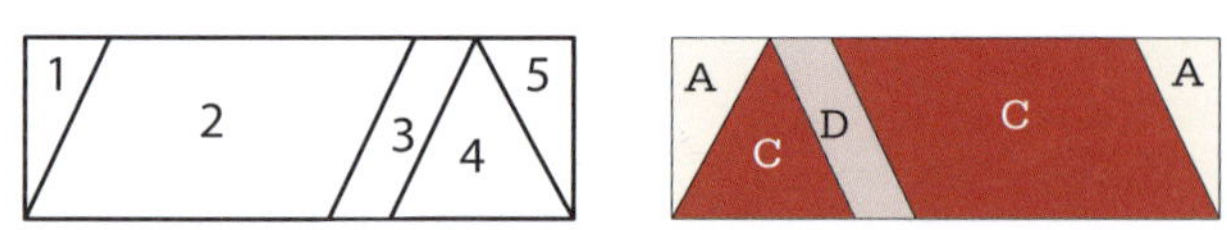

gabarit pour couture sur support envers du bloc

bloc 2 endroit du bloc

LES BLOCS 3

Dans le tissu C, couper 4 fois :

- 1 **rectangle 1**, 1 **rectangle 3** et 1 **rectangle 5** de 1,5 x 2,5 cm chacun
- 1 **rectangle 6** et 1 **rectangle 7** de 1,5 x 3,5 cm chacun.

Dans le tissu D, couper 4 fois :

- 1 **rectangle 2** et 1 **rectangle 4** de 1,5 x 2,5 cm chacun
- 1 **rectangle 8** de 1,5 x 3,5 cm.

Sélectionner 1 **pièce 1** à **8** et les assembler selon les indications suivantes pour obtenir 1 **bloc 3**. Réaliser 3 autres **blocs 3** identiques.

③ Réaliser 4 blocs 3 selon la technique de la couture sur support.

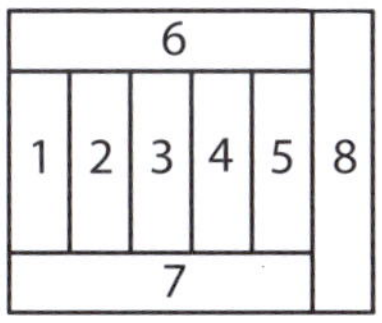

gabarit pour couture sur support
envers du bloc

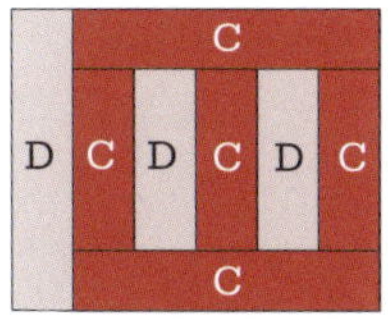

bloc 3
endroit du bloc

LES BLOCS 4

Dans le tissu C, couper 4 fois :

- 1 **carré 2** et 1 **carré 3** de 1,5 x 1,5 cm chacun
- 1 **rectangle 4** et 1 **rectangle 5** de 1,5 x 3,5 cm chacun.

Dans le tissu D, couper 4 fois :

- 1 **rectangle 1** de 1,5 x 2,5 cm.

Sélectionner 1 **pièce 1** à **5** et les assembler selon les indications suivantes pour obtenir 1 **bloc 4**. Réaliser 3 autres **blocs 4** identiques.

④ Réaliser 4 blocs 4 selon la technique de la couture sur support.

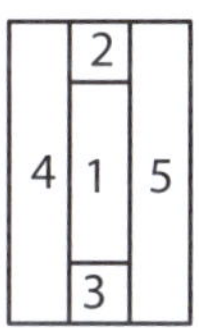

gabarit pour couture sur support
envers du bloc

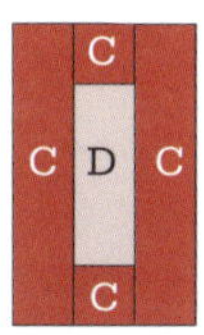

bloc 4
endroit du bloc

LES BLOCS 5

Dans le tissu A, couper :

- 24 rectangles de 2 x 3 cm (**pièces 1**, **3**, **5**, **7**, **9** et **11**).

Dans le tissu B, couper :

- 12 carrés de 3 x 3 cm et les recouper selon 1 diagonale pour obtenir 6 triangles (**pièces 2**, **4**, **6**, **8**, **10** et **12**).

Sélectionner 1 **pièce 1** à **12** et les assembler selon les indications suivantes pour obtenir 1 **bloc 5**. Réaliser 3 autres **blocs 5** identiques.

⑤ Réaliser 4 blocs 5 selon la technique de la couture sur support.

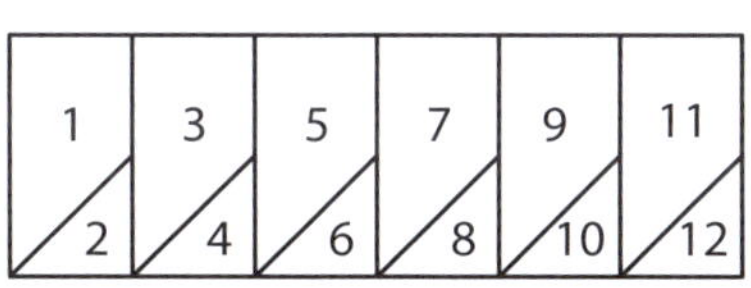

gabarit pour couture sur support
envers du bloc

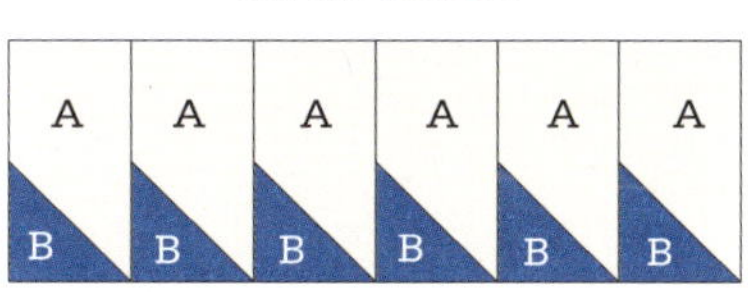

bloc 5
endroit du bloc

LES BLOCS 6

Dans le tissu A, couper :

- 24 rectangles de 2 x 3 cm (**pièces 1**, **3**, **5**, **7**, **9** et **11**).

Dans le tissu B, couper :

- 12 carrés de 3 x 3 cm et les recouper selon 1 diagonale pour obtenir 6 triangles (**pièces 2**, **4**, **6**, **8**, **10** et **12**).

Sélectionner 1 **pièce 1** à **12** et les assembler selon les indications suivantes pour obtenir 1 **bloc 6**. Réaliser 3 autres **blocs 6** identiques.

⑥ Réaliser 4 blocs 6 selon la technique de la couture sur support.

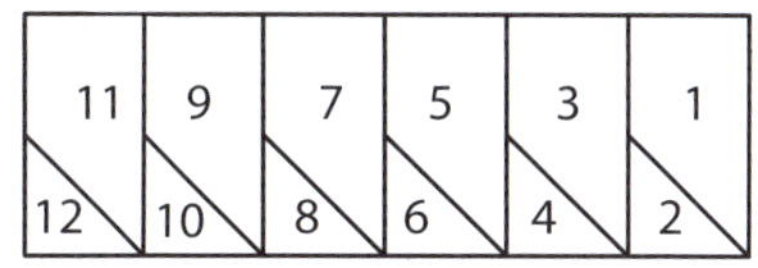

gabarit pour couture sur support
envers du bloc

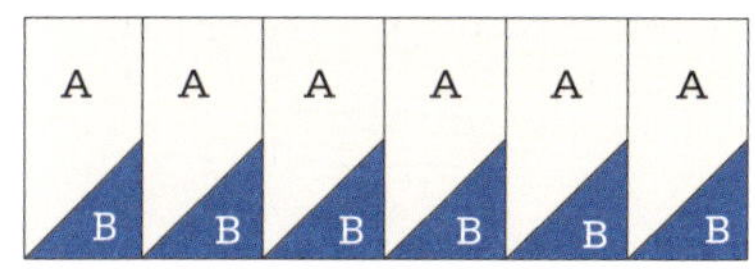

bloc 6
endroit du bloc

LES BLOCS 7

Dans le tissu A, couper :

- 6 carrés de 3 x 3 cm et les recouper selon 1 diagonale pour obtenir 12 triangles (**pièces 2**, **3** et **4**).

Dans le tissu B, couper :

- 2 carrés de 3 x 3 cm et les recouper selon 1 diagonale pour obtenir 4 **triangles 5**.

Dans le tissu C, couper :

- 4 **carrés 1** de 2,5 x 2,5 cm.

Sélectionner 1 **pièce 1** à **5** et les assembler selon les indications suivantes pour obtenir 1 **bloc 7**. Réaliser 3 autres **blocs 7** identiques.

⑦ Réaliser 4 blocs 7 selon la technique de la couture sur support.

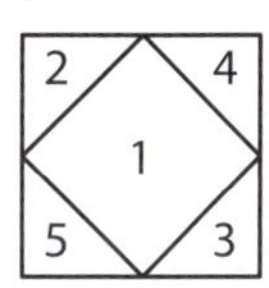

gabarit pour couture sur support
envers du bloc

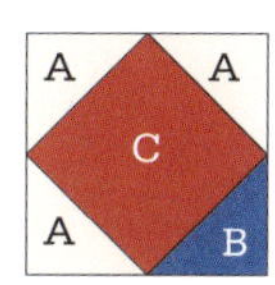

bloc 7
endroit du bloc

LES BLOCS 8

Dans le tissu A, couper :

• 4 carrés de 3 x 3 cm et les recouper selon 1 diagonale pour obtenir 8 triangles (**pièces 2** et **4**).

Dans le tissu B, couper :

• 4 carrés de 3 x 3 cm et les recouper selon 1 diagonale pour obtenir 8 triangles (**pièces 3** et **5**).

Dans le tissu C, couper :

• 4 **carrés 1** de 2,5 x 2,5 cm.

Sélectionner 1 **pièce 1** à **5** et les assembler selon les indications suivantes pour obtenir 1 **bloc 8**. Réaliser 3 autres **blocs 8** identiques.

⑧ Réaliser 4 blocs 8 selon la technique de la couture sur support.

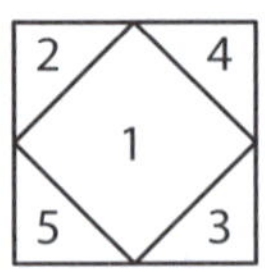

gabarit pour couture sur support
envers du bloc

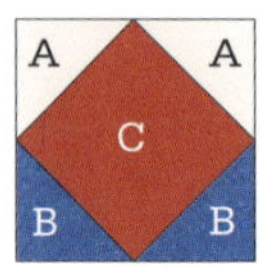

bloc 8
endroit du bloc

LES BLOCS 9

Dans le tissu A, couper :

• 24 rectangles de 2 x 3 cm (**pièces 1**, **4**, 7, **10**, **13** et **16**).

Dans le tissu B, couper :

• 20 carrés de 3 x 3 cm et les recouper selon 1 diagonale pour obtenir 40 triangles (**pièces 2**, **3**, **5**, **6**, **8**, **9**, **11**, **12**, **14** et **15**).

Dans le tissu C, couper :

• 4 carrés de 3 x 3 cm et les recouper selon 1 diagonale pour obtenir 8 triangles (**pièces 17** et **18**).

Sélectionner 1 **pièce 1** à **18** et les assembler selon les indications suivantes pour obtenir 1 **bloc 9**. Réaliser 3 autres **blocs 9** identiques.

⑨ Réaliser 4 blocs 9 selon la technique de la couture sur support.

gabarit pour couture sur support
envers du bloc

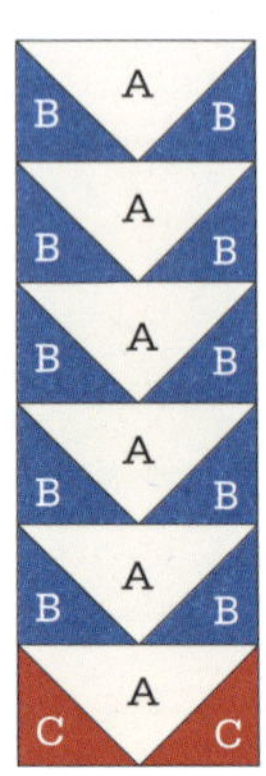

bloc 9
endroit du bloc

Une fois tous les blocs réalisés,

• Les repasser en veillant à ne pas les déformer

• Recouper le surplus de tissu tout autour de chacun des blocs en ajoutant une marge de couture de 0,5 cm

• Conserver le tissu de support « Vetex ».

LES BLOCS « MAISONS » (BLOCS 10)

Sélectionner 1 **bloc 1** à **4** et les assembler selon les indications suivantes.

Coudre.

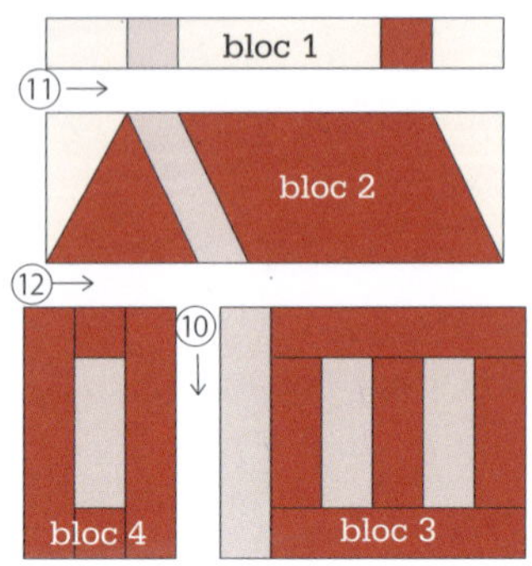

⑬ Réaliser 4 assemblages.

Sélectionner 2 **bandes 1B** et 2 **bandes 2B** et les assembler autour d'un assemblage obtenu précédemment, selon les indications suivantes, pour obtenir 1 bloc « maison ».

Coudre.

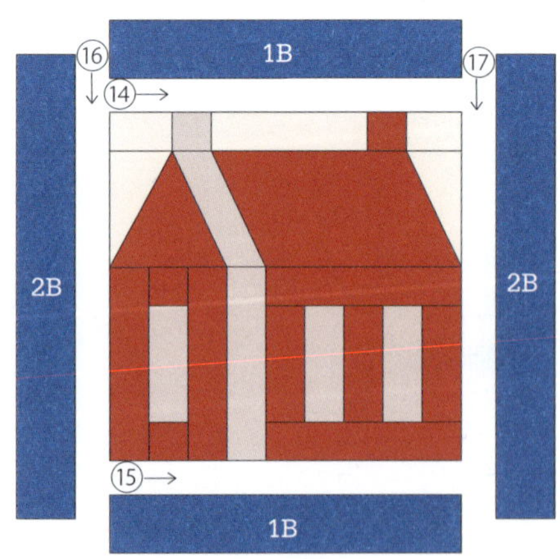

bloc 10
(bloc maison)

⑱ Réaliser 4 blocs 10.

LE PANNEAU CENTRAL

Sélectionner les **blocs 5** à **10** et le **carré 3C** et les assembler selon les indications suivantes, en veillant à bien les orienter, pour obtenir le panneau central.

LES BORDURES

Sélectionner les **bandes 4A** et **5A** et les assembler autour du panneau central, selon les indications suivantes.

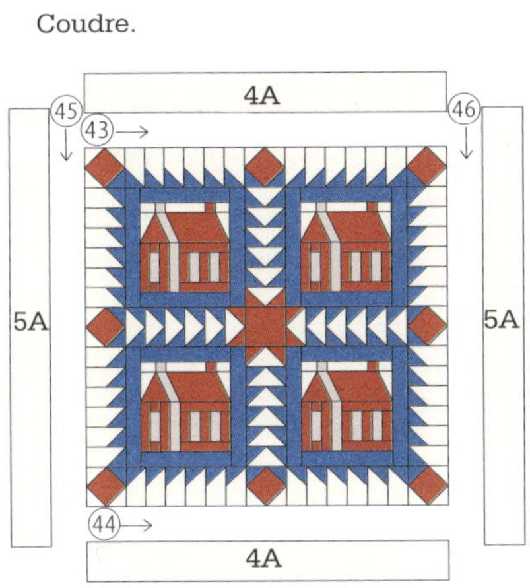

Sélectionner les **bandes 6B** et les assembler autour du panneau central, selon les indications suivantes.

Coudre en alignant les milieux.

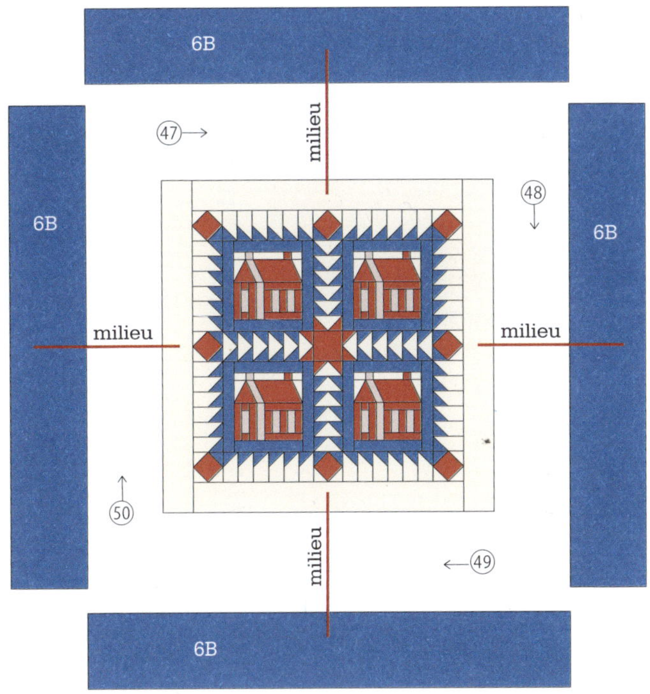

(51) Finaliser les coins en réalisant des angles à 45°.

Une fois l'assemblage réalisé, recouper le surplus de **tissu B** dans les angles, sous l'ouvrage en conservant une marge de couture.

LE MATELASSAGE ET LA BANDE DE FINITION

À l'aide du crayon effaçable à l'eau, reporter les lignes de matelassage sur le panneau en s'inspirant de la photo du modèle ou selon son gré.
Superposer le **carré 7D** (doublure) et le panneau, envers contre envers, en insérant le molleton entre les 2 épaisseurs de tissu, et fixer avec la colle en aérosol. Matelasser sur les lignes tracées.

Recouper l'excédent de molleton au ras du panneau et recouper le tissu de doublure à 2 cm tout autour du panneau. Rabattre le **tissu D** sur l'endroit de l'ouvrage en repliant 2 fois le tissu et en formant des angles en onglet. Coudre cette bande de finition à points glissés invisibles. Elle doit mesurer 1 cm environ une fois cousue.

Coudre un manchon si nécessaire et ajouter une étiquette.

les éditions de saxe
3 chemin du Torey
69340 Francheville
www.edisaxe.com

Créatrice : Kristel Salgarollo
Rédactrice technique : Marie Laure Pegeot Mangel
Dessins techniques : Céline Cantat
Maquette : Evelyne Nobre
Photos : Richard Boutin
Stylisme : Vania Leroy

PASSION PATCHWORK
MLAB374 – ISBN : 978-2-7565-3722-1
Imprimé en Italie
Dépôt légal : à parution